Bordado pictóri

Editorial GG, SL
Via Laietana 47, 3.º 2.º, 08003 Barcelona, España. Tel. (+34) 933 228 161
www.editorialgg.com

GIMENA ROMERO

Bordado pictórico

Los cinco elementos en la técnica

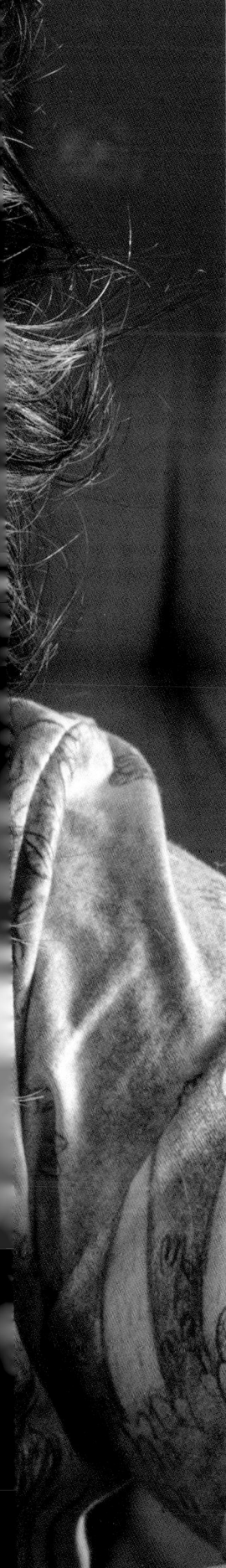

Nota de la autora

Estás ante un DIY muy particular. Normalmente, en un libro de bordado esperas una especie de diccionario de pasos que debes seguir, como si fuera una fórmula para crear el bordado perfecto. Pero yo no bordo así... El bordado no es una receta.

Para mí, el bordado no es una fórmula perfecta, sino una expresión, un lenguaje. Como tal, mi búsqueda en él no es solo de vocabulario, sino también de la maleabilidad del medio, del mismo modo que un poeta construye paisajes que van más allá de la palabra. El bordado es alquimia, y va más allá del hilo y de la aguja. Es un medio para observar los cinco elementos en mí.

La técnica que voy a presentarte va más allá del bordado. Te enseñaré a ver, a verte, a reconocer cómo se suceden los cuatro elementos en diferentes momentos de la técnica y, al mismo tiempo, a identificarlos en ti, en tu alma, el quinto de nuestros elementos. El bordado es una forma de crear, como si fuera una conjuración sagrada que empieza en el cuerpo de cada bordadora. Por eso existen tantos tipos de bordado como bordadoras en el mundo.

No necesitas experiencia técnica para acercarte a los estudios de bordado que te propongo, pero sí tiempo de bordado, tiempo para buscar tu identidad mientras bordas. Qué difícil, ¿no? En el reconocernos se nos va la vida, pero, si no lo intentamos, ¿qué sentido tiene estar aquí? El bordado —tal como yo lo vivo, lo investigo y lo enseño— es un espejo para reconocer a través de él nuestras propias medusas, quitarles el estigma de monstruo e integrarlas con el derecho de diosa.

Dicho esto, te recomiendo que, antes de adentrarte en cualquiera de los proyectos propuestos, primero leas todo el libro. Pasea conmigo a través de cada elemento de la técnica, identifícalo en los bordados y observa qué te provocan mientras bordas. En todos ellos suceden los elementos de la técnica tal como la describo. No son capítulos independientes donde te muestro un *tip* o un punto; es una técnica integral. Una vez lo hayas leído entero, tendrás un conocimiento del bordado nuevo, aunque seguro que, de algún modo, ya lo intuías. Dicho esto, hagamos alquimia.

Gimena Romero

Revisión de estilo: Anna Ubach
Diseño: Toni Cabré

Cualquier forma de reproducción, distribución,
comunicación pública o transformación de esta obra solo
puede ser realizada con la autorización de sus titulares, salvo
excepción prevista por la ley. Diríjase a CEDRO (Centro Español
de Derechos Reprográficos, www.cedro.org) si necesita fotocopiar
o escanear algún fragmento de esta obra. La Editorial no se pronuncia
ni expresa ni implícitamente respecto a la exactitud de la información
contenida en este libro, razón por la cual no puede asumir responsabilidad
alguna en caso de error u omisión.

© de los textos: Gimena Romero
© de las fotografías: Pedro Aragón
y para esta edición:
© Editorial GG, Barcelona, 2022

Printed in Bosnia and Herzegovina
ISBN: 978-84-252-3247-3
Depósito legal: B. 13171-2022

Este libro se ha impreso sobre papel fabricado a partir de madera procedente de
bosques y plantaciones gestionadas con altos estándares ambientales, garantizando
una explotación de los recursos sostenible y beneficiosa para las personas. Para
generar un menor impacto, hemos dejado de retractilar nuestros libros. Con estas
medidas, queremos contribuir al fomento de una forma de vida sostenible y
respetuosa con el medio.

Índice

09   Prólogo de Fernanda Saavedra
11   De lo que no veo

14   Tierra
18   Materiales
22   Los acentos
30   Punto de paso atrás

38   Agua
40   El cauce del hilo
43   El color en el bordado
48   Selección y separación de color
49   Relleno pulido

56   Fuego
66   El impulso y la intención
64   El sentido de la puntada

70   Aire
74   La respiración y el hálito de vida
78   Los silencios
80   El aire dentro del relleno

84   Alma
86   El desborde y el habitarse en el proceso
94   Los elementos en conjunto

100   Sobre la autora
102   Agradecimientos

104   Guías para los proyectos

Prólogo

El hilo es la línea, el flujo, la respiración, el silencio que atraviesa el lienzo de algodón, lino o seda, y el cuerpo-espíritu de Gimena Romero, de la bordadora, de la chamana, la artista.

La bordadora espera la luz del alba para bordar; no tiene prisa, ni siquiera una meta. En sus manos se perciben las callosidades que va dejando el proceso de trabajo: así es la labor con el material, con la materia, con la tierra. Los callos, las llagas y las hendiduras en la carne de los dedos hablan de un conocimiento ancestral. Las manos sabias trabajan la materia que nos brinda la tierra. Y es en ella donde germina la hebra de algodón. Es el vientre del bordado. ¡Pum! Un primer golpe, pulsar del corazón, inicia la vida a ritmo lento. En la intimidad, una chamana y las bordadoras, todas juntas, hacen resonar los tambores y honran tanto el nacimiento como la muerte.

Caribúes, liebres, coyotes y majestuosas aves son conjurados en el rito del bordado, como el principio del universo lo hace con el proceso alquímico de la vida. Pero no son disímiles. Se trata del acto natural y cósmico de la creación. El sube y baja de la aguja nos susurra la sagrada unión entre el cielo y la tierra. La bordadora lo experimenta con todo su cuerpo, pues repite ese rezo una y otra vez: movimiento sutil en comunión con el aire y la luz.

Así, en cada puntada, en cada fluido que emana del cuerpo de la bordadora, en cada respiración y en cada silencio habita la pregunta: ¿dónde está el límite entre lo material —los cuatro elementos, lo tangible y corporal—, y todo lo que no podemos siquiera concebir —la eternidad, el quinto elemento: el alma—? ¿De qué tamaño es ese límite? ¿Cuánto dura? ¿Es medible? Sospecho que es un instante volátil que perdura eternamente, que se siente en las manos, que puedes moldear, contener, chupar; que fluye y se escurre; que vibra de manera incomprensible; que se escapa, que ni siquiera ves; solo lo sientes y presientes en alguna parte del pecho, de la sangre, de las vísceras, de las células.

Así es el ciclo eterno, juego interminable del universo de concreción y dispersión de los cuatro elementos, la manifestación de sí mismo en infinitas e irrepetibles formas. Para Gimena Romero se traduce en el bordado: sus ojos, su lengua, su voz, su conjuro y su rezo.

Fernanda Saavedra

De lo que no veo

No veo bien desde los diez años. Hay gente que no me cree cuando se lo digo. Me cuesta distinguir las cosas, pero no soy ciega.

En el bordado hay mucha información, muchas formas de comunicarse a través del cuerpo. Lo bordado pasa a través de mí, es como un espejo de lo que estoy sintiendo. Es un idioma que llega a las esquinas inalcanzables del lenguaje con el que hablo de lo que no veo. Percibimos y entendemos el mundo a través de nuestros sentidos, siendo la vista el más débil de ellos. Cuando hablo de bordado no me refiero a una técnica, sino a una experiencia que vivo con todo el cuerpo, un cuerpo hecho de carne y hueso, pero esencialmente constituido de tierra, agua, fuego, aire y alma.

Para mí, bordar es un acto sagrado que me señala el camino para identificar este quinto elemento. Con cada punto, avanzo hacia la esencia de mi humanidad y de la de todos los bordadores en el mundo. En este sentido, el ejercicio del bordado disuelve a la persona que borda y une en sublimación simbólica a todos los que nos hemos hecho más humanos en el ir y venir de la aguja.

Bordar es encontrar el balance entre lo que soy, lo que veo y lo que quiero decir. Encontrar el equilibrio entre la luz, el cuerpo, el hilo y el tiempo. El eco de un retumbar de bastidores es la tierra que palpita bajo mis dedos. Reconozco el fuego que arde en mí y sale en un impulso callado que siento, pero no veo. Me expando y contraigo emulando el palpitar de toda la vida que me rodea. Mis hilos son encuentro de muchas aguas, saliva, sudor, lágrimas, sangre y hielo. Reconozco todo lo que soy a partir de lo que voy sintiendo, y me desbordo sobre el tiempo y sobre la luz, aunque tampoco los vea.

Uso gafas porque me cuesta distinguir los objetos, pero me esfuerzo y veo más allá de lo que me da la palabra y el entendimiento. No bordo con los ojos, sino con todo el cuerpo. Hablo hasta por los codos porque me gusta compartir todo lo que veo. Es por esto que yo con gente ciega no me entiendo.

Tierra

La tierra es fértil solo con el agua

En su trabajo creativo, el artista se involucra directamente con su cuerpo y con su experiencia en y a través de este, más que centrarse en un proyecto o un bordado específico. El proceso de bordado se convierte en una imagen que desborda a la persona. La información táctil recabada en el ejercicio del bordado no es solo la que existe en el roce: la referencia primigenia que contiene la fibra se interpreta con todo el cuerpo. El material es para la bordadora onda y eco en sus entrañas, como lo es el idioma en la poesía.

Si el bordado pasa por todo el cuerpo, elegir el material para trabajar no es una decisión que podamos tomar a la ligera. Una pieza bordada es una pieza pintada al tacto, realizada con una técnica en la que las manos convierten la línea (el hilo) en imagen, que será diferente encarnada en lana, seda, algodón o lino.

La tierra en el bordado no solo es el material, sino también el ritmo, el pulso, el batir de tambores. Sería muy distinta una imagen bordada a base de graves golpes de lana cruda que otra creada en un palpitar sutil de una hebra de seda o algodón.

No pretendo establecer una dicotomía en cuanto al material que debes usar. Solo quiero señalar su importancia y que esta sea una invitación a arrojarse a los mares infinitos de la experiencia del tacto que los distintos materiales nos pueden ofrecer.

Ahora bien, si dudas, con el algodón nunca fallarás: es un material ligero, fresco y resistente. Su ritmo textil es fiable y delicioso. En todas las piezas y ejercicios que te propongo he utilizado hilos DMC *mouliné* 100 % algodón.

Materiales

Además de las paletas de color que aquí te indico, necesitarás:

Agujas de modista del nº. 5
Busca una aguja fina de ojal medio. El calibre delgado es ideal para trabajar la técnica que te mostraré a continuación.

Observa la diferencia entre una aguja de modista y una normal de bordado. Para esta técnica buscamos una línea muy fina, y la aguja es la que marca el paso de esta.

En una pieza nunca usarás una única aguja. Hay casos en los que sería posible, por supuesto, pero es como pensar en pintar un cuadro con un solo pincel. Recuerda que la aguja será la guía de tu línea en el bordado, así que una mala elección puede cargarse la pieza. Además, las agujas no son eternas: se gastan, se acaban y se van, como todo.

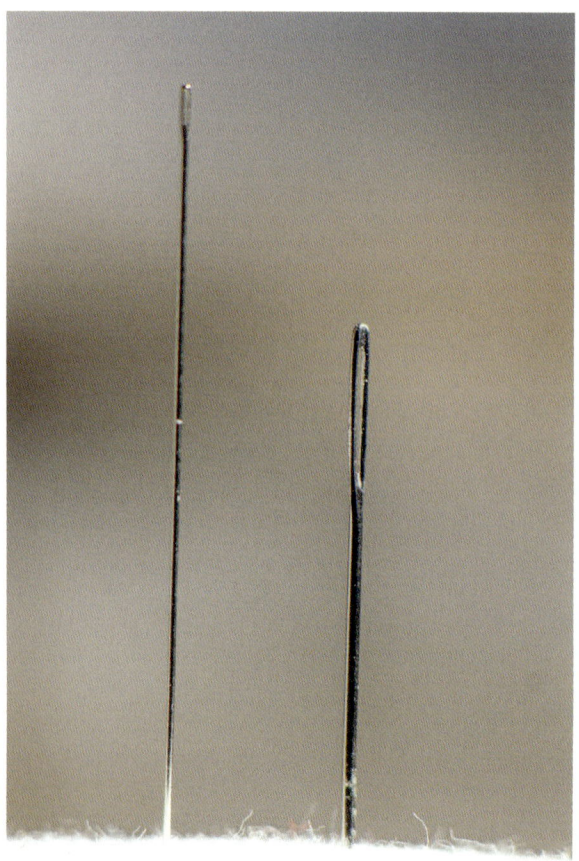

Tijeras de bordado

Elige unas buenas tijeras de bordado con excelente filo y punta. Una vez las tengas, no las uses para nada más; el filo es celoso y se va con facilidad. Es muy importante que sepas reconocer unas buenas tijeras de bordado, pues la punta y la cuchilla juegan un papel fundamental en la técnica. Fíjate en que terminen en punta para que te ayuden a llegar a lugares difíciles o a cortar solo los hilos que quieras. Existen tijeras preciosas que intentan imitar diseños originales y antiguos, pero ve con cuidado, pues son solo eso: una imitación.

Posa agujas para paleta de color

Usaremos distintos colores a la vez, así que es bueno que tengas preparadas varias agujas, a modo de una paleta de pintor. Me gusta tener un posa agujas con paleta de color para cada pieza o proyecto, pero soy purista; puedes utilizar un alfiletero grande o cualquier otro soporte para poner tus agujas.

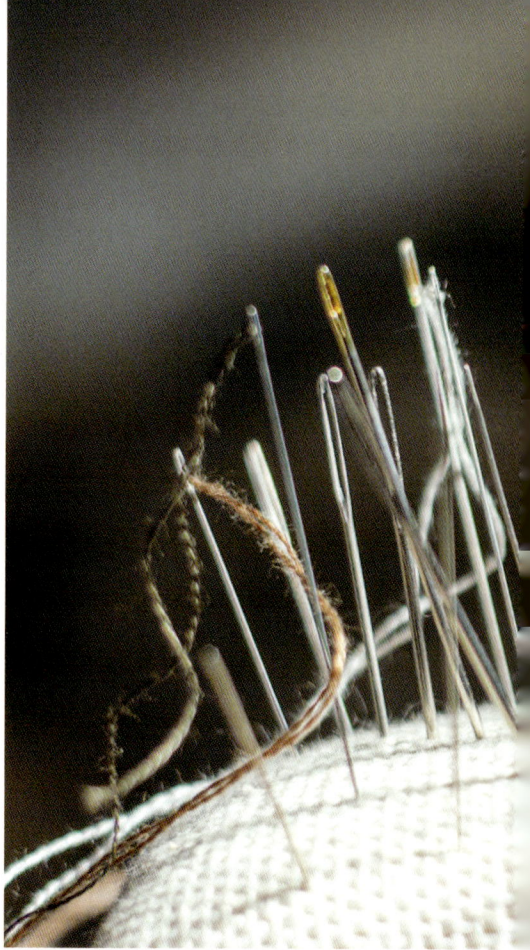

Bastidor

Un buen bastidor nos permite tensar bien la tela. Se les llama *bastidores* o *tambores* porque comprobarás que la tela está lista para bordar al *boom* de un golpe contra ella. Recuerda que la tierra es un palpitar grave, ritmo, así que deja que cada elemento retumbe en tus manos.

Base para bordar

La base para bordar es opcional, pero facilita el trabajo porque libera una mano, y eso nos aporta el doble de precisión. Las bases tradicionales vienen con un bastidor integrado, y si bien son muy hermosas, siempre me ha parecido poco práctico: no puedes cambiar el tamaño o el proyecto. Por eso hace años diseñé una base con la terminación en pinza que encuentras en todos lados.

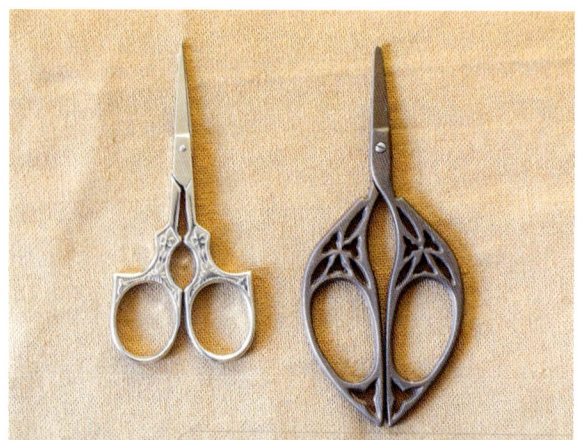

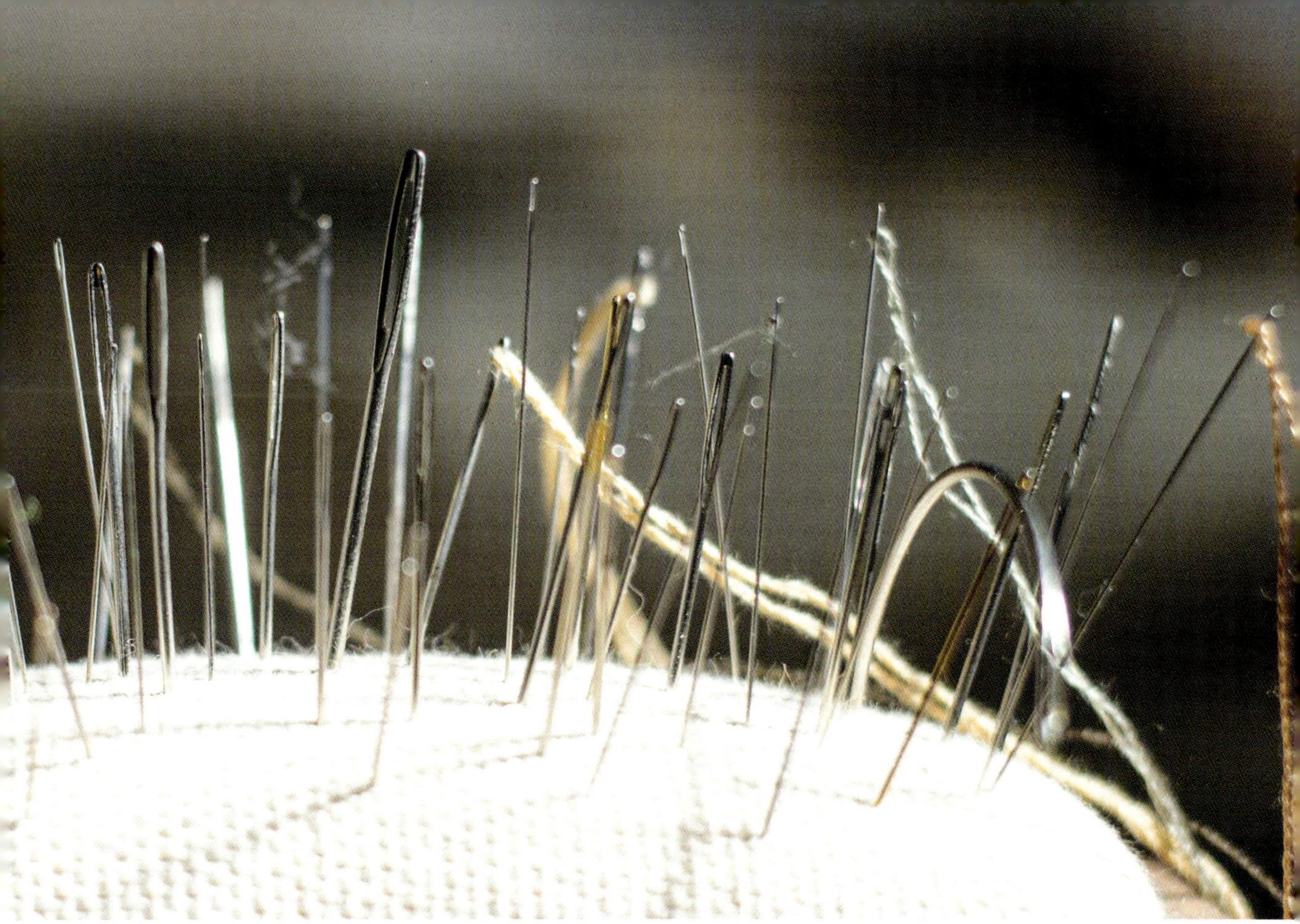

Los acentos

En el bordado pictórico, los acentos pueden parecer algo ínfimo y demasiado trabajoso, pero aportan personalidad y contención a la figura, contraste a la luz y limitación al color, lo que te permite señalar lugares interesantes para la mirada.

¿Cómo reconocer los acentos en la vida real? Observando. Todos los elementos que usaremos en esta técnica de pintar con hilo son elementos que traemos a la tela desde la observación del mundo que nos rodea. Probablemente te preguntes: "¿Cómo los voy a reconocer?". Quizá habría que reformular la pregunta: "¿Cómo puedo aprender a observar el mundo a mi alrededor?". Hay modos de reconocer qué atrae nuestra mirada. De hecho, el artista traduce a su propio lenguaje lo que capta su atención del mundo que le rodea. Por eso puede que los acentos que yo vea no sean los mismos que reconozcas tú.

Veamos, por ejemplo, esta pieza: *Caribú de tierra*. Mi intención fue contener la figura, delimitar el peso y mantener una silueta general como si fuera un terrón de tierra, una semilla a punto de germinar. Sin los acentos, no hubiera podido enmarcar el pelo que sobresale de la mandíbula y de las orejas, ni marcar un límite en el cuello y dar movimiento a la cola. Sí, el papel de los acentos en la técnica se encuentra casi tras bastidores, pero es el primer momento de la metamorfosis del mundo a través de la mirada. El acento atrapa tu mirada, es un instante en la imagen que aporta realismo, aunque no necesariamente sea real.

Existe otro recurso parecido al que llamo *línea perimetral*. No es un acento, es la línea que contiene el dibujo, lo que sería el patrón que se va a transferir a la tela.

Si bien estamos bordando un momento del modelo, un instante en el que la luz le caía de tal o cual forma, en realidad trabajamos con el recuerdo de ello. Esta es la razón por la que decimos que se trata de una ilusión, una imagen creada por nuestra mente a partir de la experiencia con el proceso. Es una ilusión de realidad que cobra vida en nuestras manos, una ilusión que modela cómo percibimos el mundo.

22

Caribú de tierra

Por ejemplo, los acentos en la oreja del caribú me ayudan a delinear una zona que podría confundirse entre tantos tonos de café, a la vez que contiene los cauces del color dentro de la figura. Los acentos en la parte inferior me recuerdan que, bajo este pelaje de hilo, hay unas patas con dedos y pisada. También podrías hacer una imagen sin acentos con esta técnica y probablemente te quedara bien, pero no increíble.

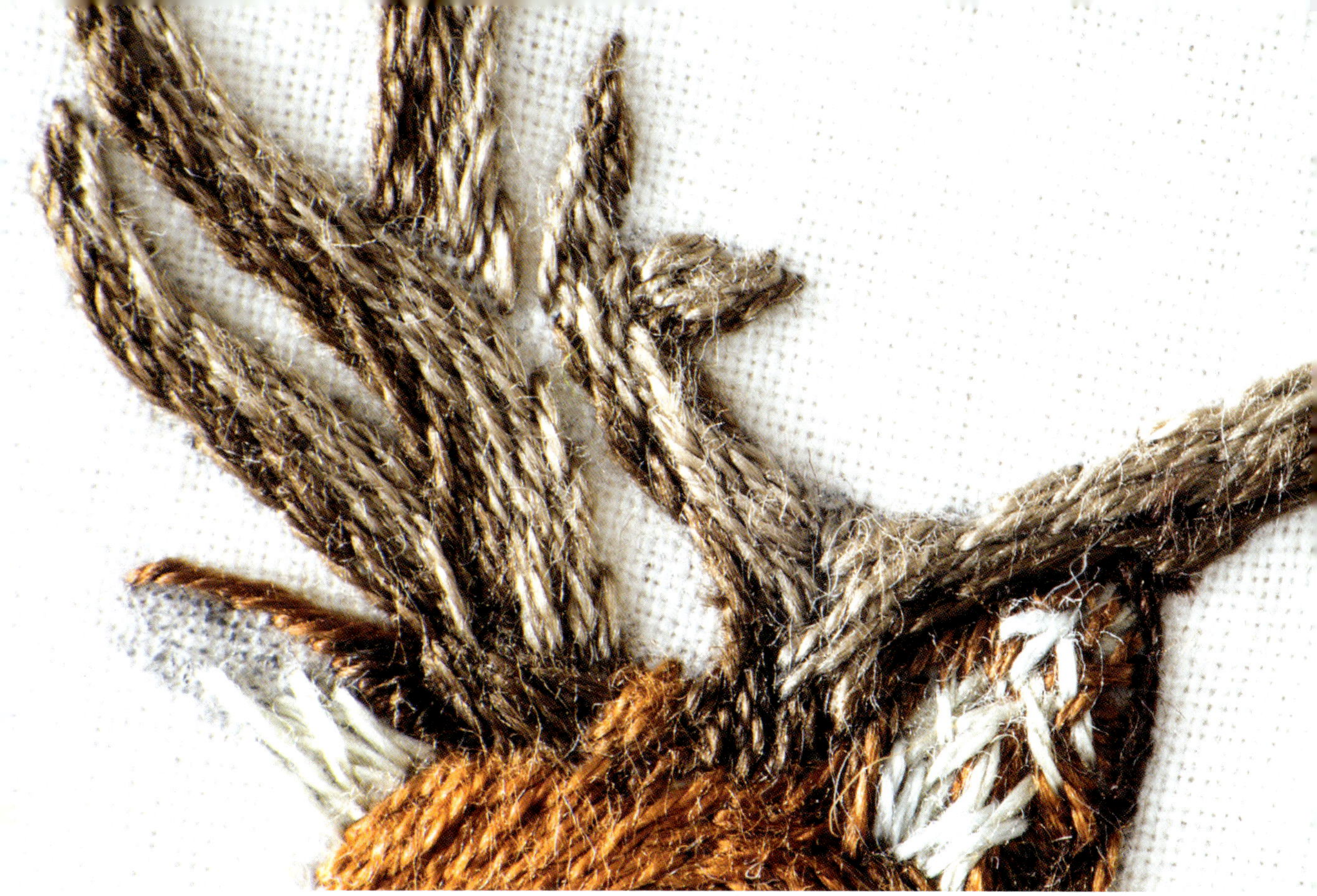
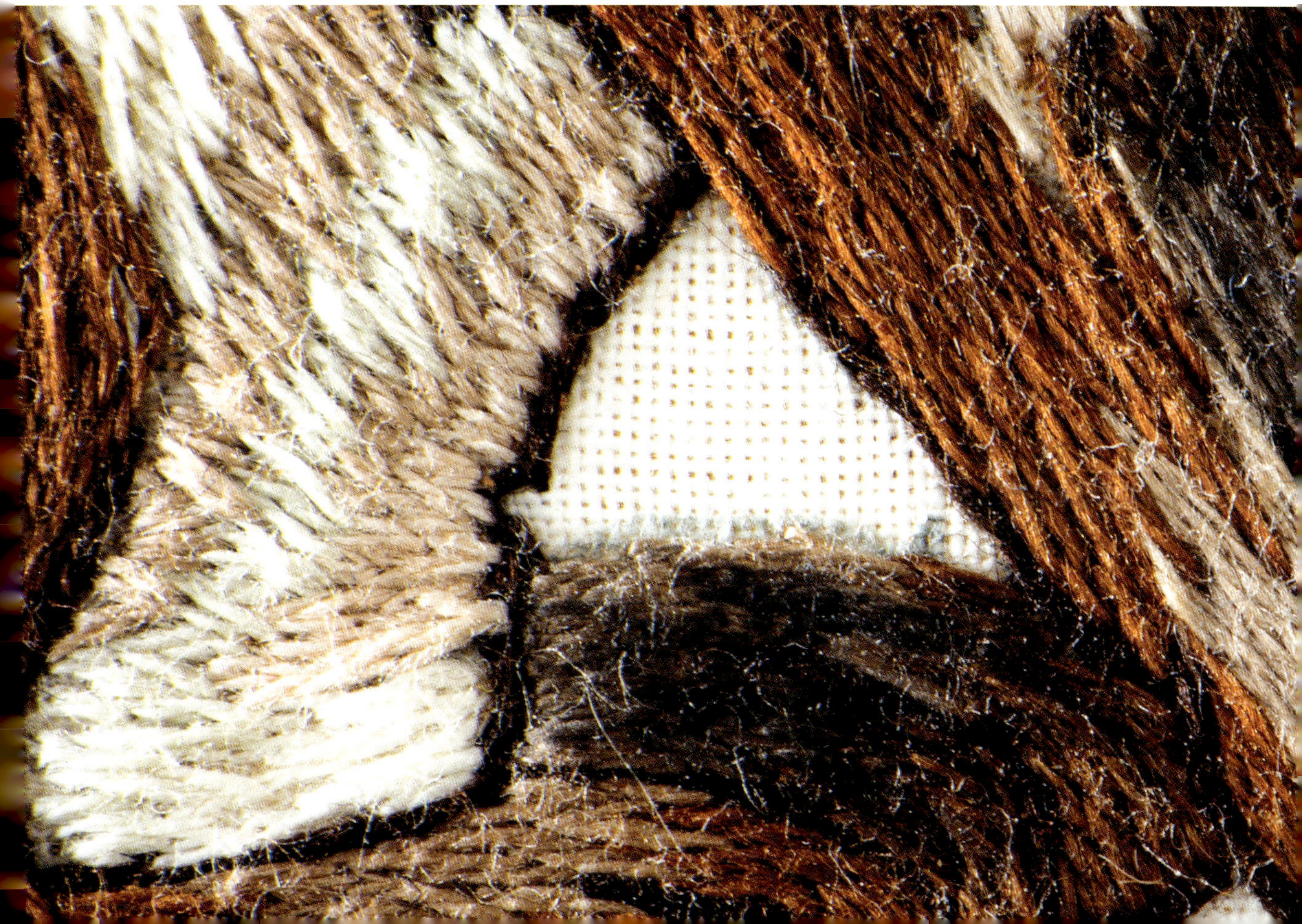

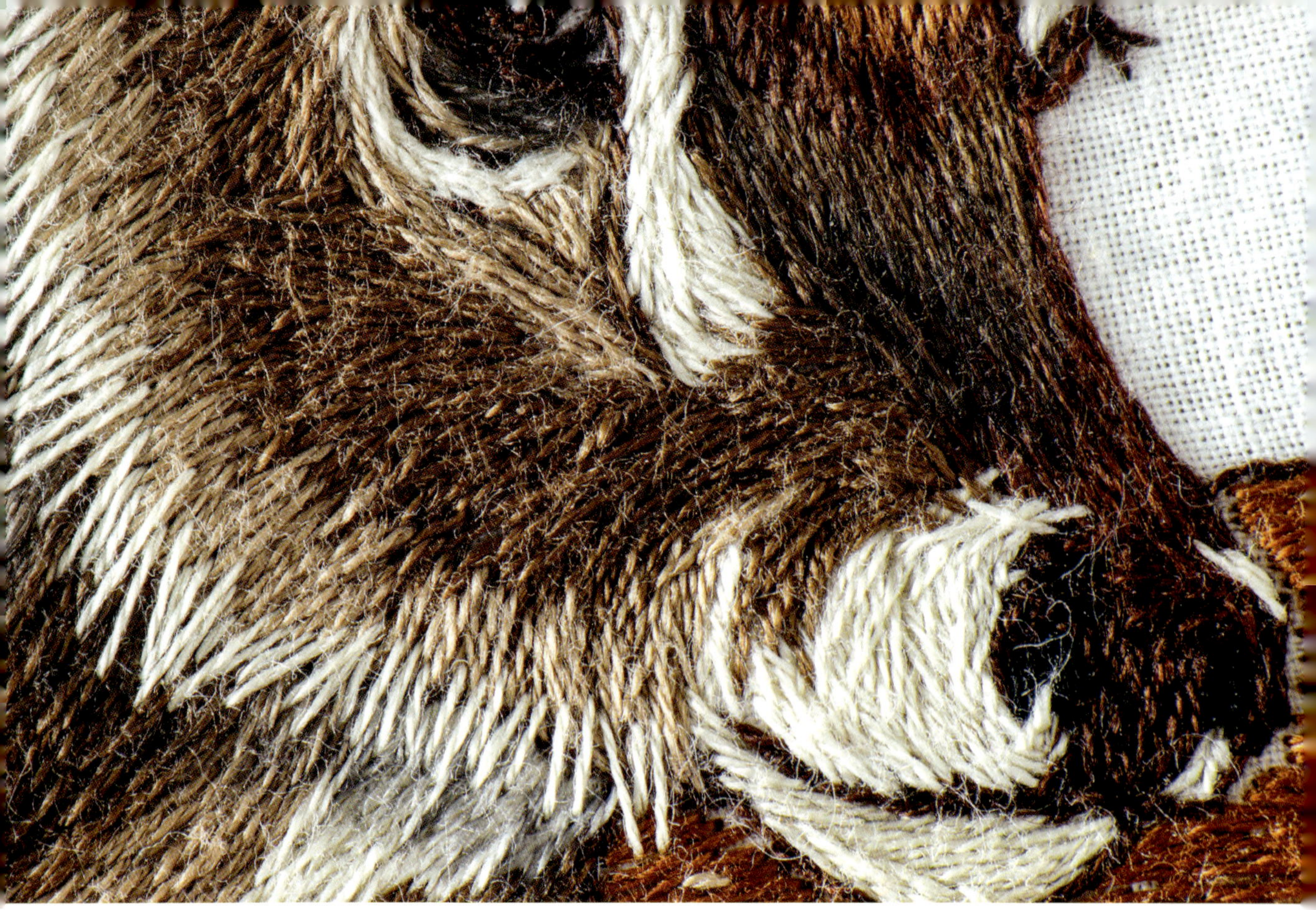

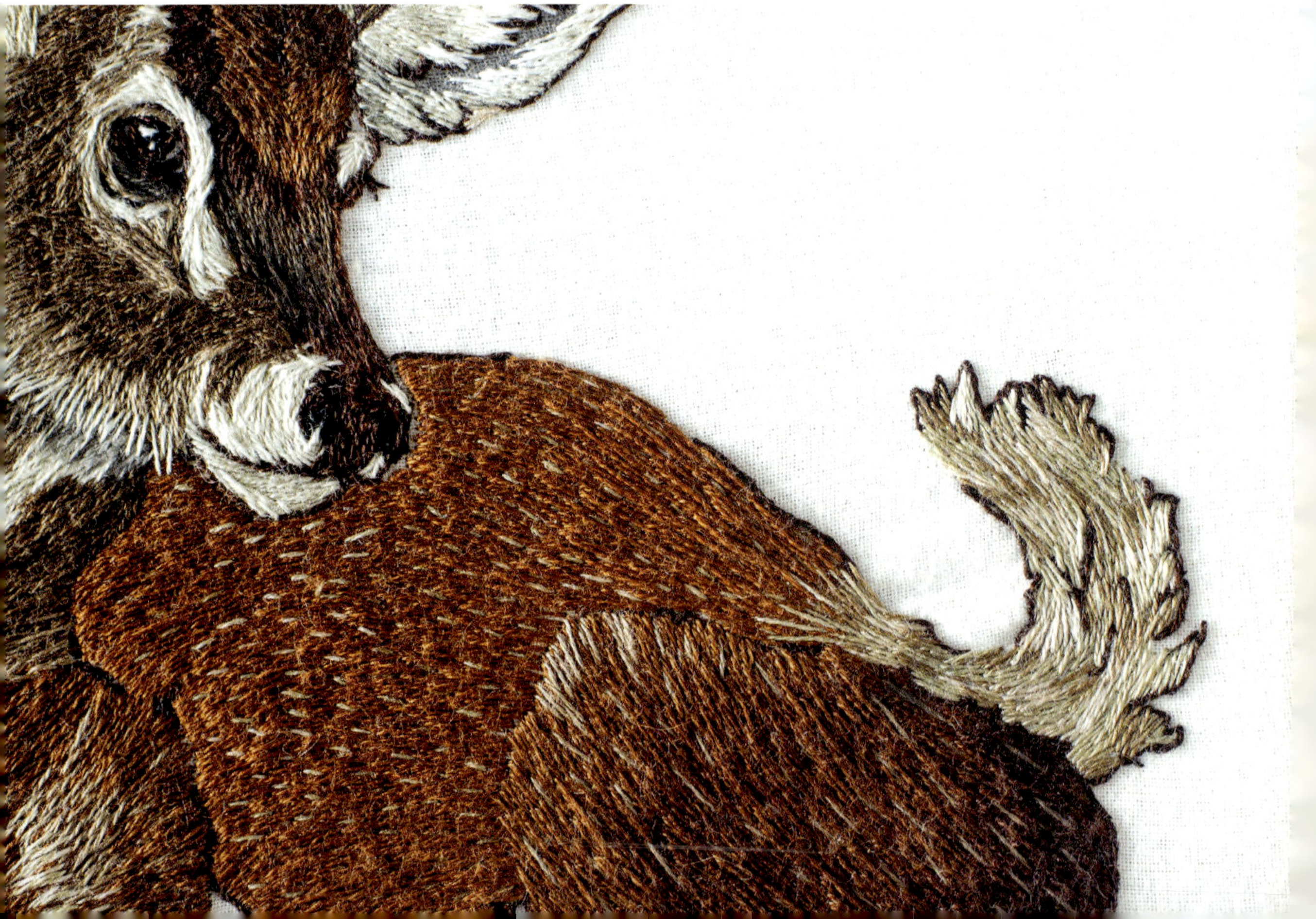

Puede haber acentos de sombra o de luz. La pieza *Estudio pera*, por ejemplo, solo tiene acentos de luz, ya que buscaba enmarcar la fruta, no tanto las hojas —que, con los colores adecuados, hubieran podido ser las protagonistas de la pieza—. Al final, todo se desprende de eso, de la luz y de la mezcla con la textura.

El bordado tiene muchos niveles de entendimiento. Tras todos estos años bordando, hay algo que tengo muy claro: tus niveles de percepción general se desarrollan con la práctica cuidada y observada del bordado.

Los acentos son lo primero que se borda, pues no se pueden incluir sobre la tela bordada. Siempre trabajo los acentos con el punto de paso atrás. Puedes intentar hacerlos con el punto lineal que prefieras, pero para mí esta es la técnica ideal.

Estudio de pera

Punto de paso atrás

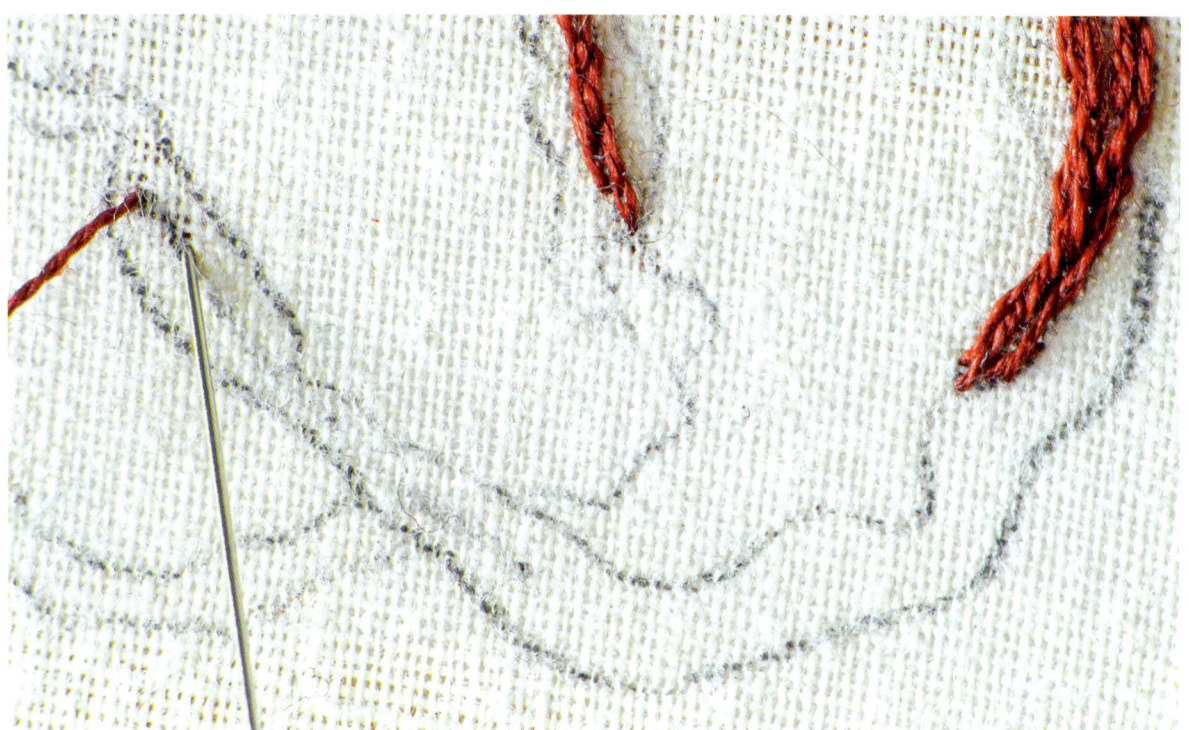

1. Sal de la tela y entra.

2. Antes de que se cierre el bucle, saca la aguja por el medio.

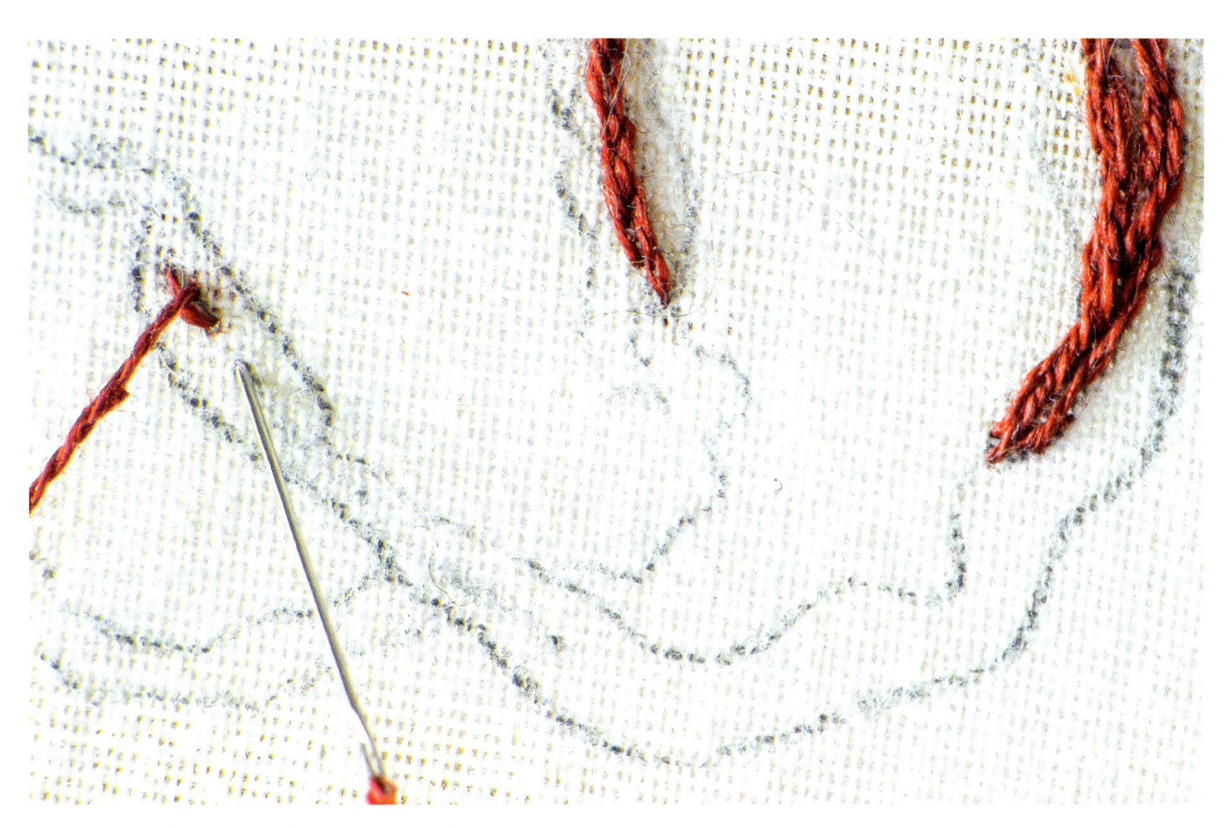

3. Avanza dejando espacio para el siguiente punto.

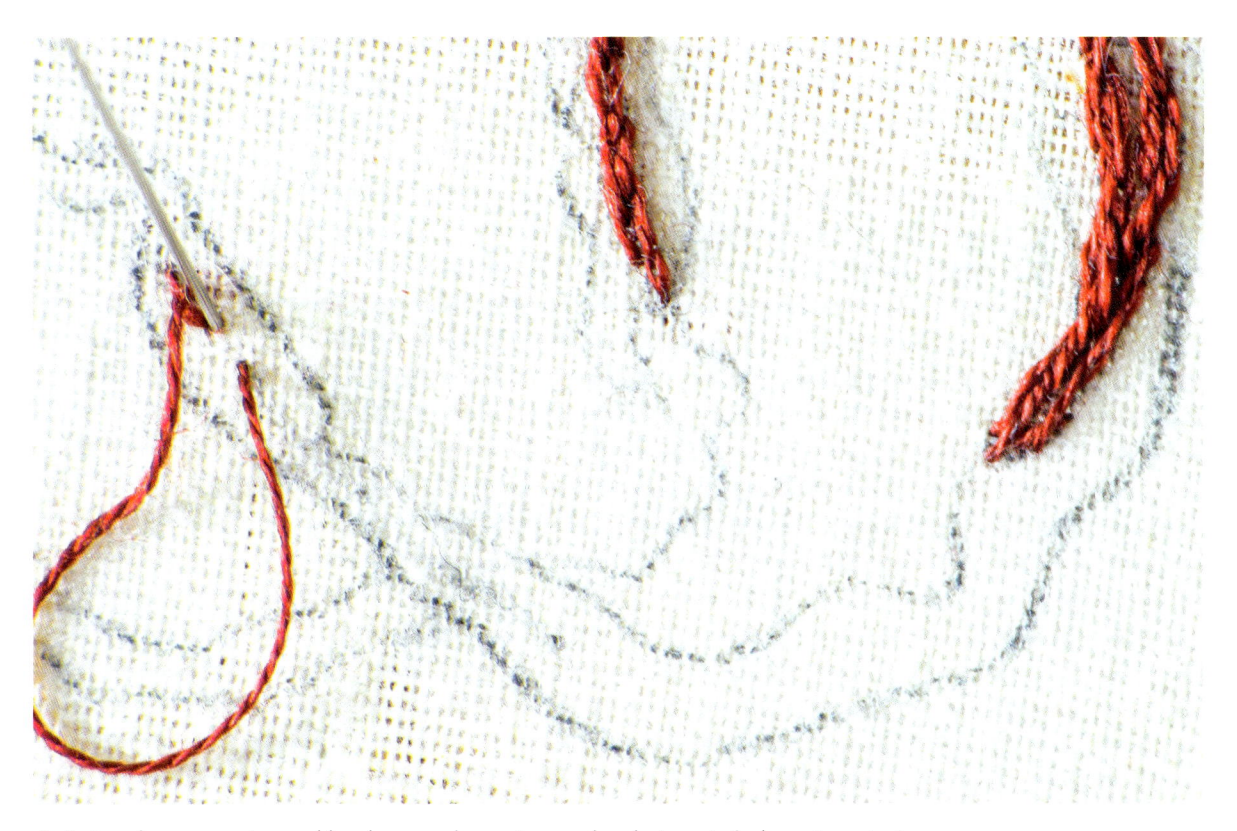

4. Antes de que se cierre el bucle, saca la aguja por donde terminó el punto anterior.

31

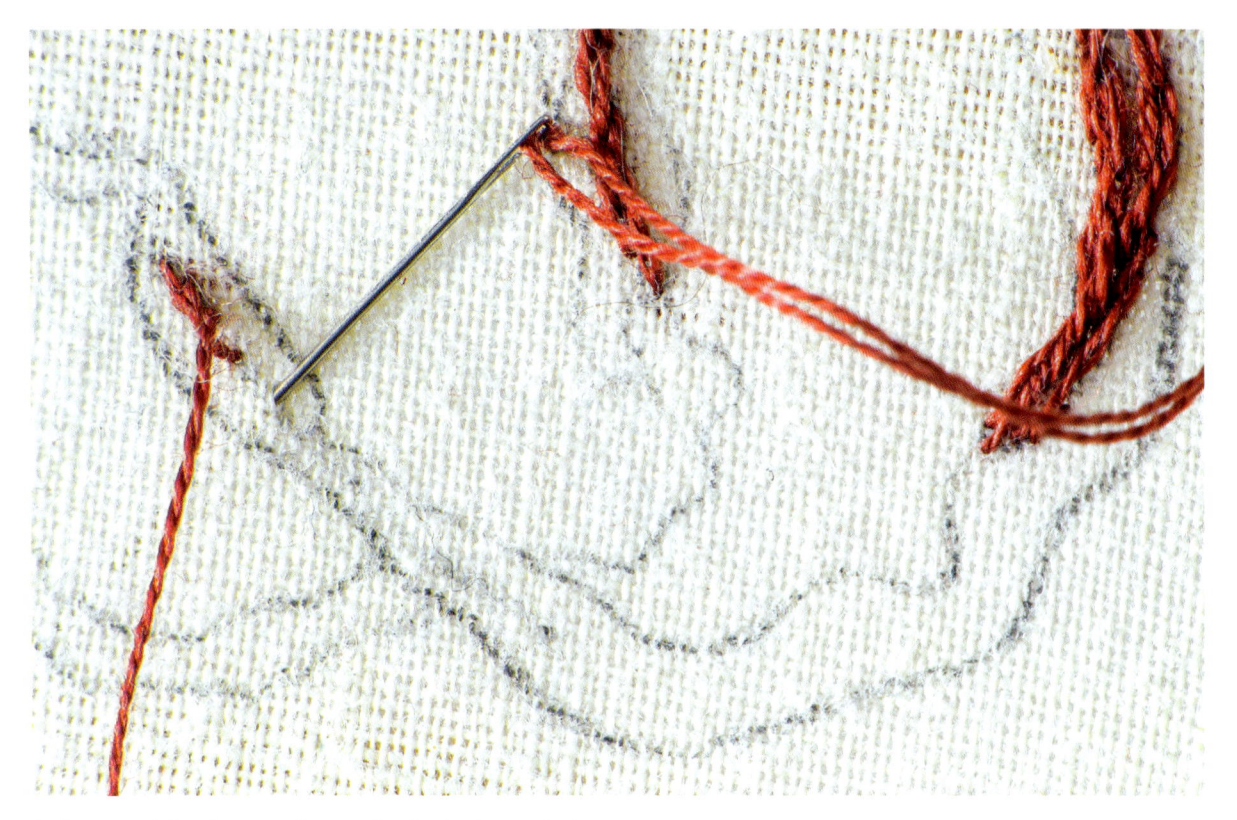

5. Avanza dejando espacio para la siguiente puntada.

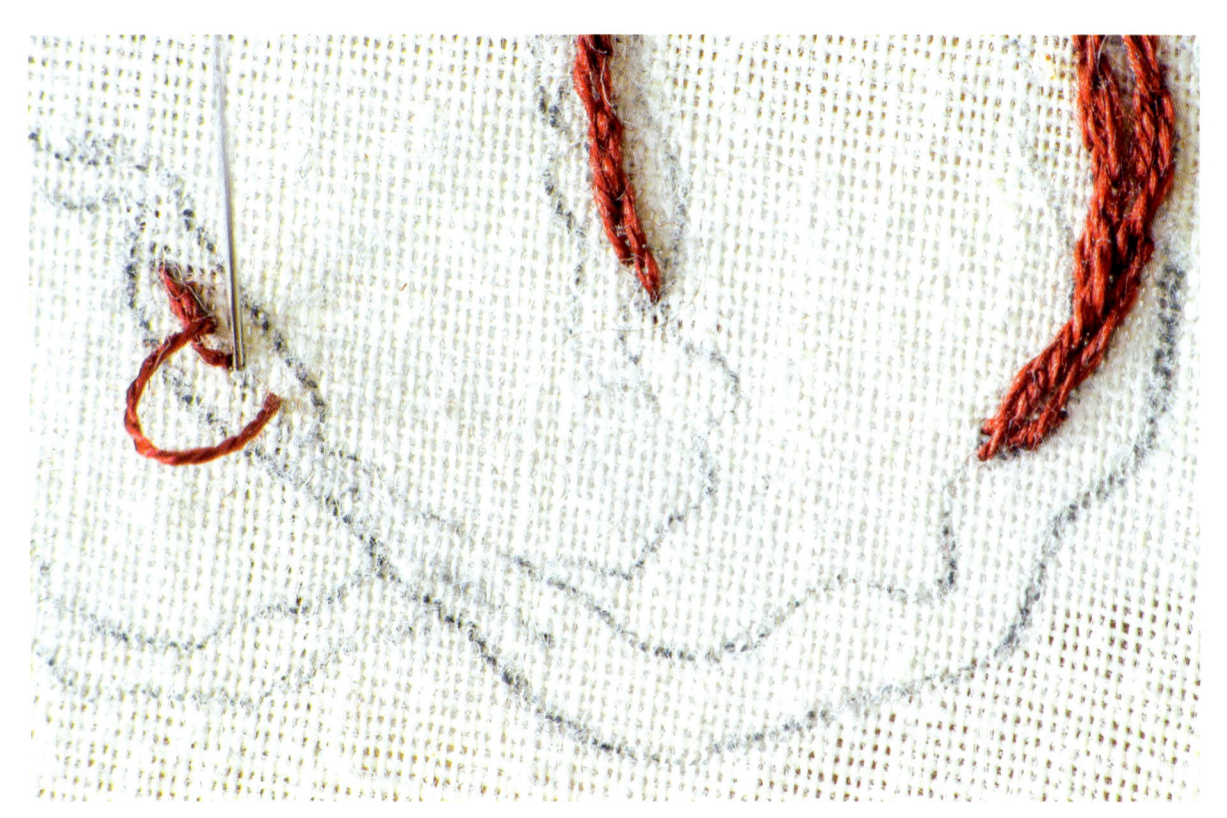

6. Antes de que se cierre el bucle, saca la aguja por donde terminó el punto anterior.

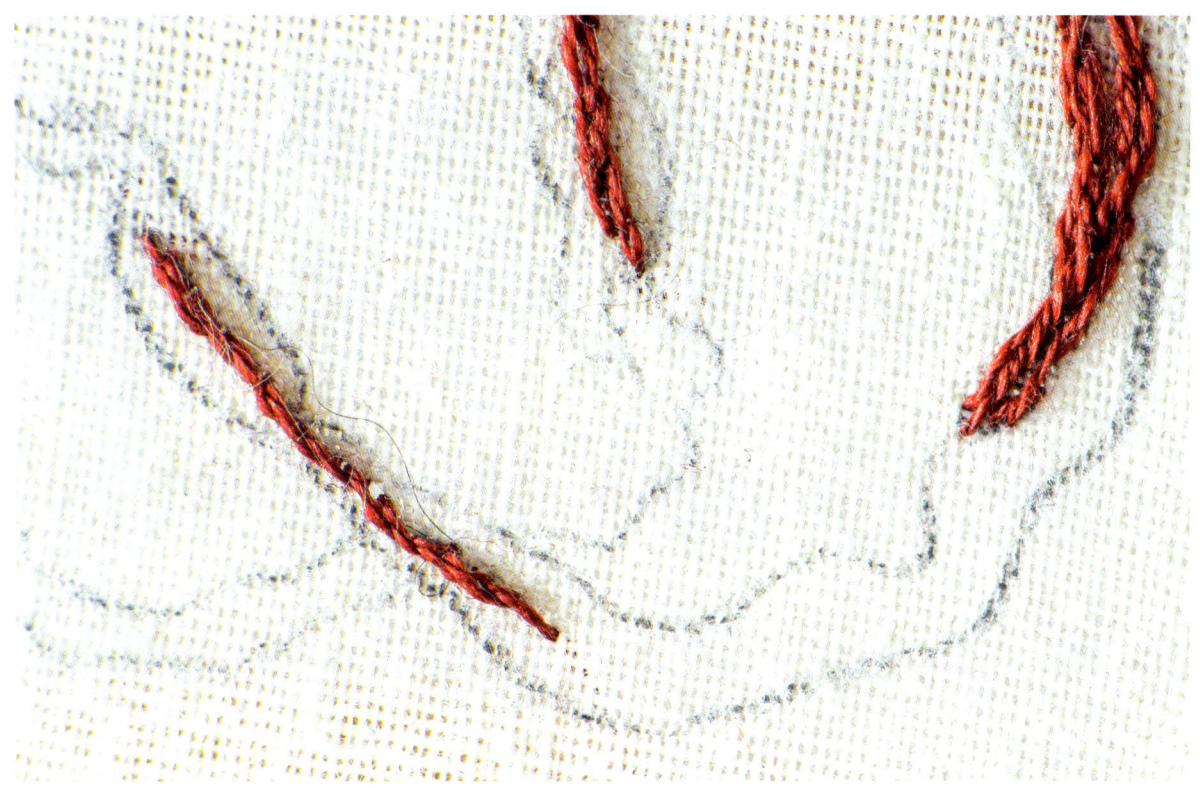

7. Continúa así hasta avanzar lo necesario.

Nota: Solo en el primer punto se sale por el medio; después, siempre por donde terminó el punto anterior. Sostén el bucle siempre del mismo lado. No importa si es arriba o abajo, pero siempre del mismo modo.

Recuerda que los acentos es lo primero en bordarse en toda pieza. De no ser así, no podrás incluirlos en el cuerpo de color del resto del bordado.

OBRAS DE ESTA SECCION:

Caribú de tierra, Gimena Romero, pintura a la aguja, hilo de algodón sobre algodón, 50 cm, 2021.

Estudio de pera, Gimena Romero, pintura a la aguja, hilo de algodón sobre algodón, 17 cm, 2018.

Estudio de caribú, Gimena Romero, pintura a la aguja, hilo de algodón sobre algodón, 17 cm, 2021.

Estudio de caribú

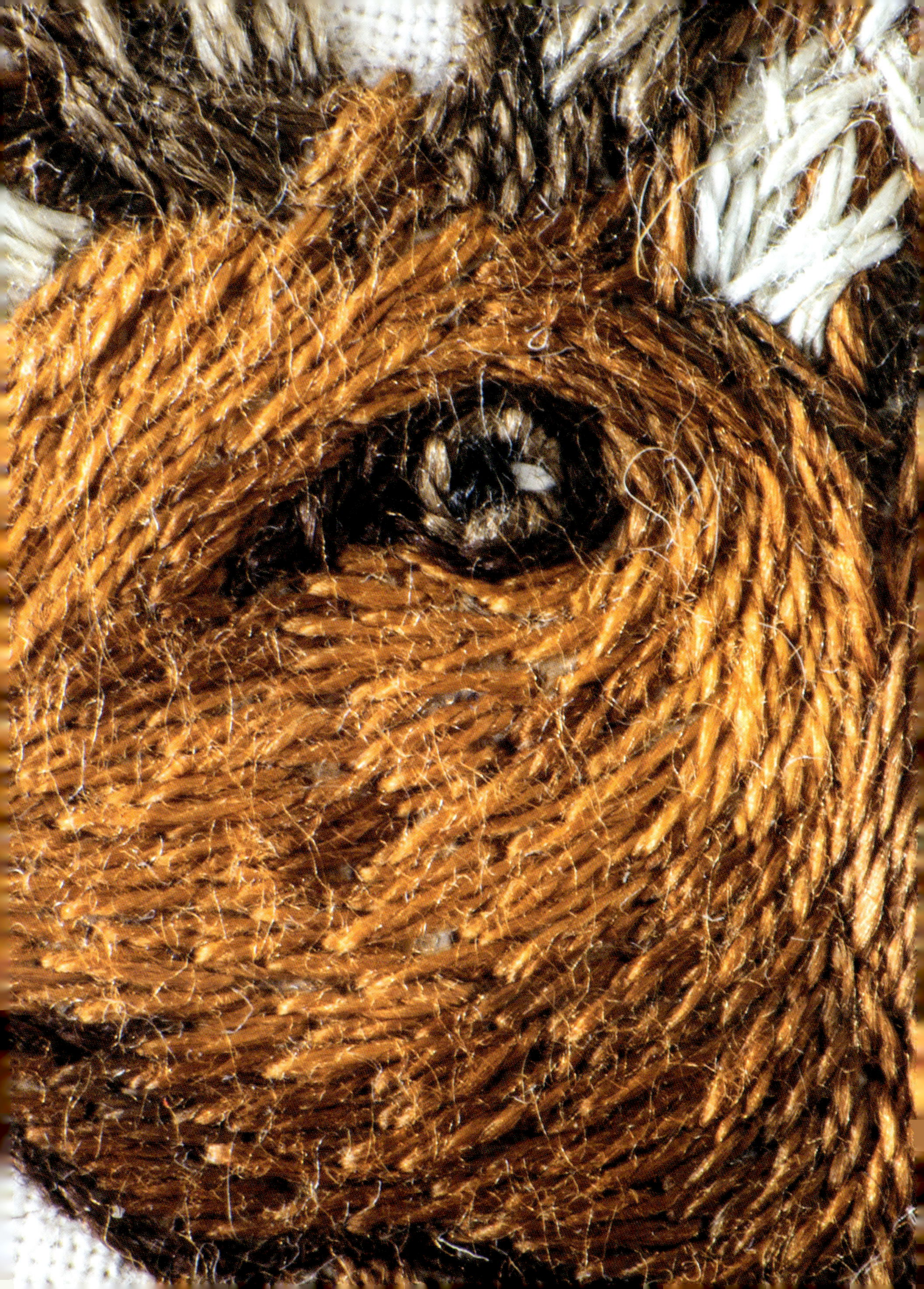

Liebre de agua

Agua

En el fuego, el agua se convierte en nube

El agua hace que todo fluya. Sin ella, no podemos conectar con nada: es lo que da flujo, continuidad y unidad a todos los elementos. El agua es también el palpitar de nuestro sentir en el momento, y cómo este se desborda desde el latido del corazón hacia la tela, a través del cauce de nuestras puntadas, que marcan nuestro ritmo interior. Así como hay diferentes tonos de alegría, bienestar, preocupación o miedo, los hay también en cada pieza de bordado. Hay tantos tipos de bordado como bordadoras: cada palpitar es único, y se hermana con la humanidad cuando no somos conscientes de él.

En el bordado, el agua es el color, la emoción pictórica. No es solo la selección de la paleta de color para nuestro proyecto, sino cómo esta se desarrolla, fluye y se mezcla. El ingrediente esencial en este proceso es la libertad contenida en un cauce, como un río en el que el agua fluye libre a su propia velocidad y ritmo, pero toda en una misma dirección. Trabajaremos cauces de color donde se mezclarán corrientes frías y cálidas bajo la punta entrenada de nuestra aguja.

Estudio de gota

El cauce del hilo

Uno de los aspectos más importantes a la hora de bordar estos cauces es cómo se esparcen las puntadas y el riego de nuestra aguja, tal como verás en el ejemplo que viene a continuación.

En la frente y en el cuello la pieza *Liebre de agua*, podemos ver que las plastas de color son tan sutiles que se mezclan casi sin dejar rastro. Esto crea un riego armonioso de color que, en estos cambios sutiles, va sugiriendo luces y sombras que modelan la figura de forma orgánica. El agua es el siguiente elemento en la técnica después de la tierra; juntos, agua y tierra crean barro. Imagina que con los niveles de color de tu selección de hilos vas amasando el dibujo, devastando sombras de la luz que, de forma natural, te da la tela de base, torneando cada momento del dibujo con la aguja.

En *Estudio de gota* podemos ver que la habitan colores que probablemente no pensabas que existieran en una gota de agua. Se aprecia un cauce de verde que forma una corriente con el gris y a su vez choca con el blanco del brillo. Si te fijas, el gris Oxford aporta contraste a este momento y modela la redondez de la gota que cae.

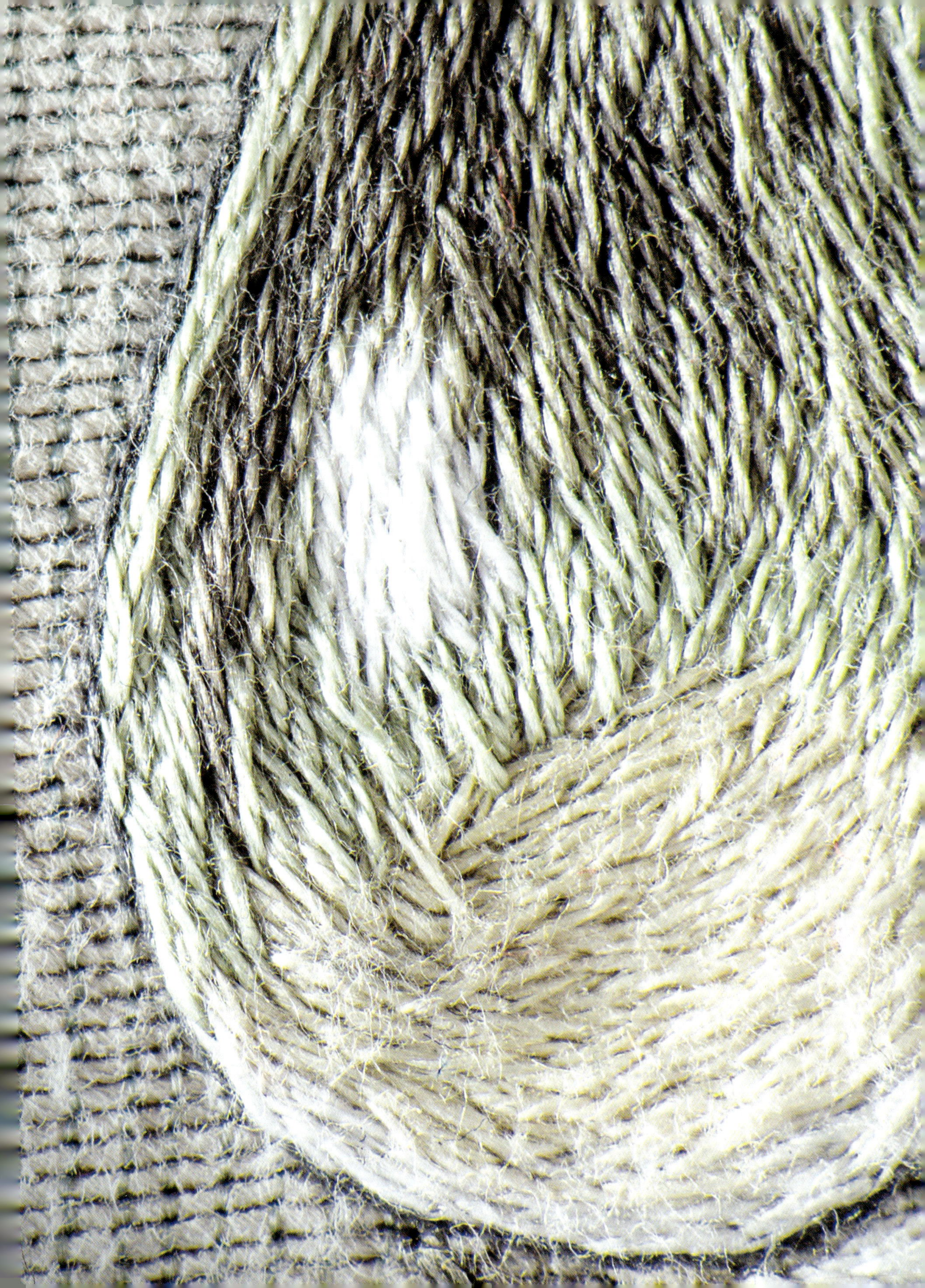

Recuerda que la técnica de bordado pictórico es eso, una técnica, no una serie de puntos o de pasos que debes seguir.

Al tipo de relleno que usamos en este estudio de bordado lo llamo *relleno pulido*. Un relleno pulido es el que no tiene hoyos, y forma una pátina uniforme de hilo que va construyendo la figura con luces, sombras, movimientos y demás herramientas que suceden en la técnica. Para lograr el efecto de un relleno pulido usaremos una sola hebra de hilo *mouliné*.

Puntada con una sola hebra

El color en el bordado

Siempre que se borde con esta técnica, hay que sacar la aguja del grueso del bordado para estirar el color, como si estuvieras trabajando con colores pastel, como si dibujaras una parte y ese color lo estiraras con un esfumino o con los dedos.

Imagina que lo estás haciendo con el hilo y la aguja: sales del grueso de color y lo estiras usando puntadas largas y sincopadas. Piensa en la aguja como en tu lápiz o pincel, encuentra tu ritmo y respeta las áreas de intercambio de color.

Detalle de *Estudio de gota*

Esfuminio de pastel

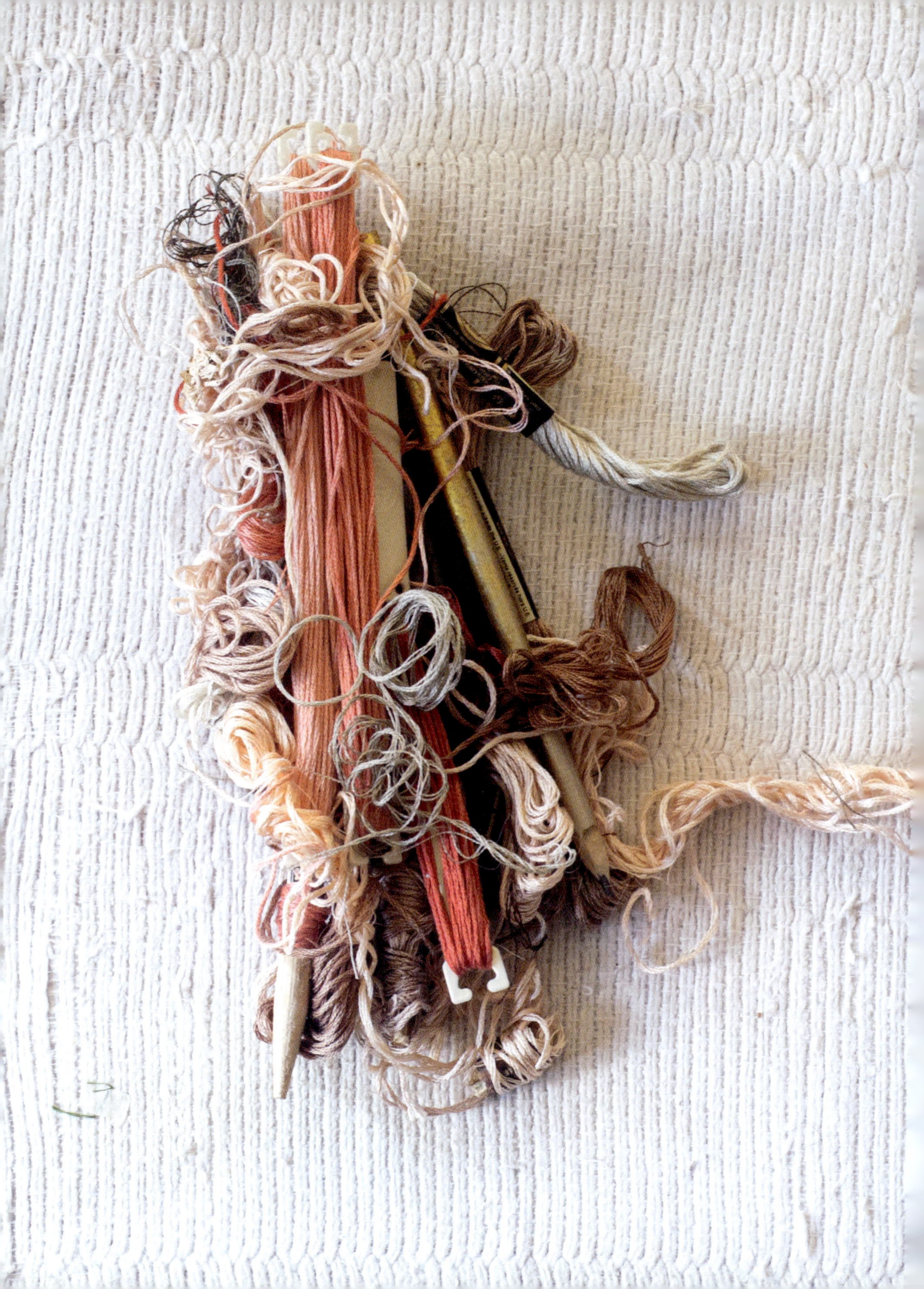

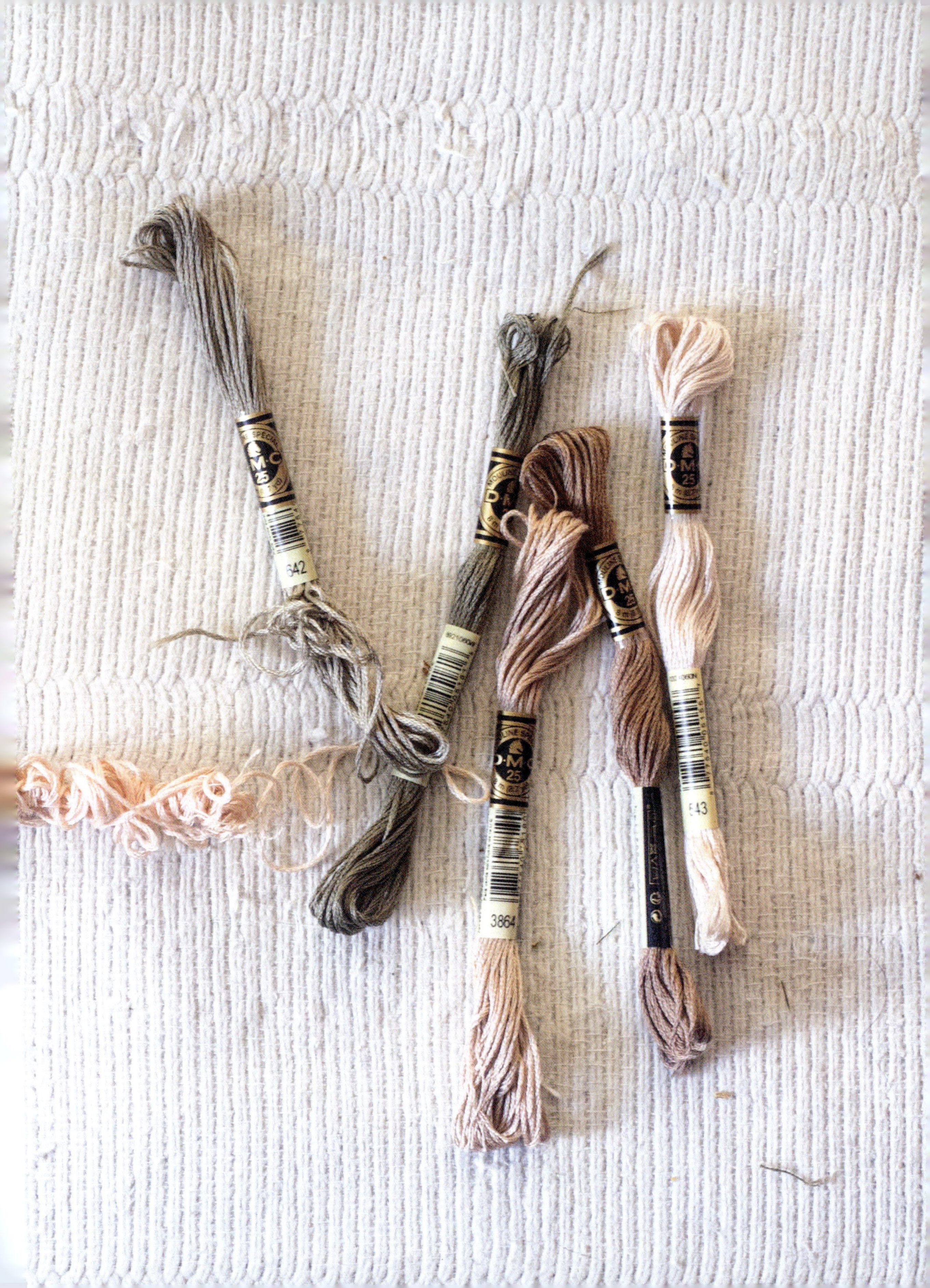
642
3864

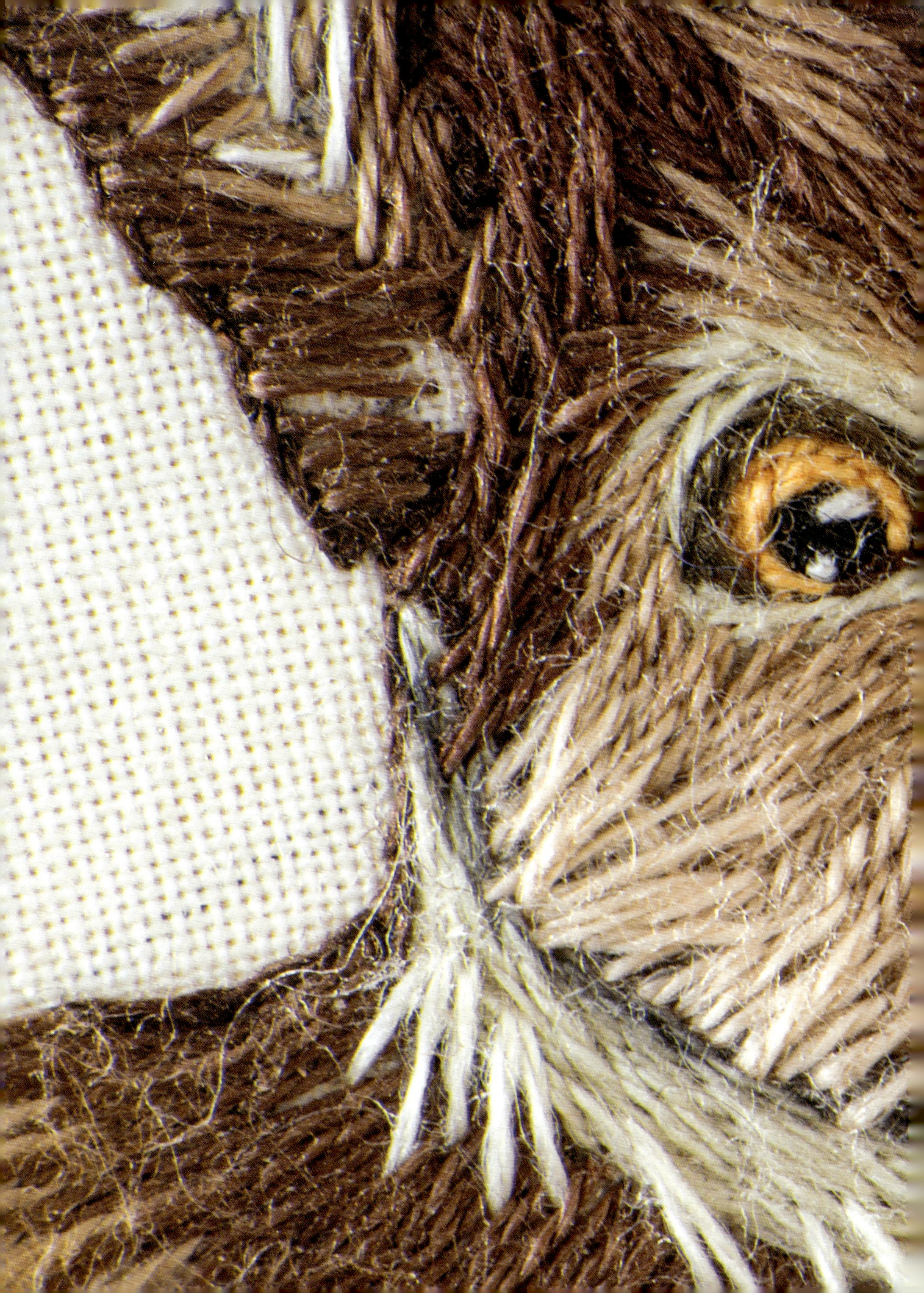

Estudio de liebre

Selección y separación del color

Nunca rellenes metiendo la aguja en el área bordada: dañaría el hilo y dejaría una marca que afectaría a la textura del relleno, que ya no respetaría esos cambios suaves en la mezcla. Si metes la aguja en el grueso del hilo, se crea una textura que rompe la pátina sutil de color que crean los cauces de hilo uno junto al otro. Si necesitaras meterla en el área bordada (puede ocurrir), hazlo con una ligera inclinación, nunca en vertical.

Relleno pulido

Cuando empieces a bordar dentro de una figura, comienza a usar el color de dentro hacia fuera para depositar el inicial; a partir de él, se generarán los otros matices.

En este punto, empieza a hacer las puntadas de diferentes tamaños por la parte de dentro, la que se estira a continuación. En la parte de fuera, respeta la línea de dibujo.

Avanza tomando casi la mitad de la puntada anterior, pero no busques cada puntada para alargarla; piensa en ese bloque como eso, un bloque de color sólido que vas a alargar con los dedos. Recuerda que, a partir de este punto, siempre debes salir del bloque bordado, nunca entrar en él.

Si entras en él, la aguja irá lastimando el material, y eso se verá en el bordado. Piensa en lo que sucede cuando perforas un folio con la aguja: el material perforado se desplaza hacia donde has empujado el papel, lo que evidencia el maltrato al soporte. Esto es lo que sucede con el hilo y la tela ya bordados: si bordas entrando en el bloque de color, se notará (aunque no tanto como en el papel).

En la muestra de la página anterior, podemos ver un relleno uniforme, casi como un pulido de hilo. En la de la derecha encontramos una textura muy marcada en la que se ven los hoyos que va dejando la aguja tras de sí. Esto sucede porque está lastimando el hilo al entrar, lo que desplaza la fibra hacia dentro del bordado y crea una superficie accidentada y poco uniforme. Recuerda que el relleno pulido debe quedar como una caricia, suave al tacto y a la vista.

Cuando comiences a bordar en un área con acentos, deberás "comértelos" atravesando la línea hecha en el color del acento con el color de relleno.

Cuando llegues a una separación de color, avanza sobre ella; en cuanto cambies de color, sal lo suficientemente atrás como para mezclar ambos colores y que cada uno quede en su lugar. Si rellenas estas áreas sin hacerlo, te quedará una división dura y artificial que no te servirá para modelar una figura.

Muestra de cómo comerse acentos.

Muestra dura de mezcla de color.

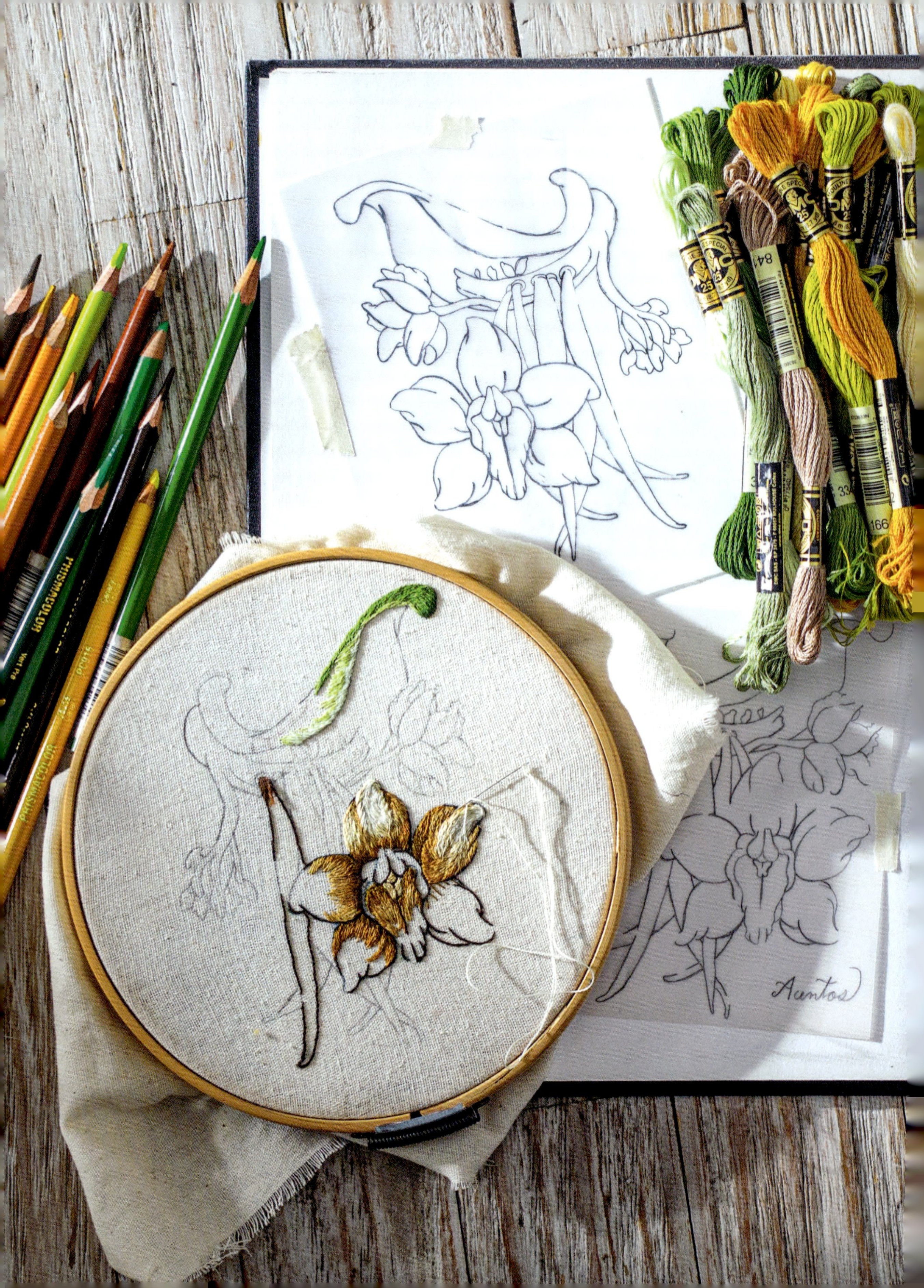
PRISMACOLOR
DMC
Acantos

Estudio de vainilla y boceto en cuaderno de dibujo.

La separación de color se refiere a las áreas que vas a mezclar. En mis proyectos, selecciono los colores, los reparto y los separo por plastas en la figura. No me importa si la repartición es realista o no, así que lo hago de un modo muy intuitivo. Muchas veces uso colores brillantes o que nada tienen que ver con el modelo. Me fijo sobre todo en la disposición de luces y sombras, localizo las plastas más importantes y construyo a partir de ahí. Suelo hacer un pequeño *sketch* en lápices de colores a modo de guía.

¿Cómo seleccionar las paletas de color? De nuevo, la respuesta es observando. Ni siquiera debes escoger colores realistas. Elige los que quieras. Con esta técnica, la mezcla quedará homogénea. Recuerda: el color en el bordado es un desborde de tu propio palpitar, sobre todo en aquellas piezas en las que no tienes un modelo físico.

La expresión del agua en el bordado es lo que le aporta realidad y tridimensionalidad. Siguiendo el flujo de la puntada, el cauce del hilo, se crea volumen en la figura. Esta técnica nos ayuda a modelar lo que estamos construyendo. Se necesita un buen flujo de hilo para construir el sentido de la puntada. Esta es el agua en el bordado.

OBRAS DE ESTA SECCIÓN:

Liebre de agua, Gimena Romero, pintura a la aguja, hilo de algodón sobre algodón, 37 cm, 2021.

Estudio de gota, Gimena Romero, pintura a la aguja, hilo de algodón sobre algodón, 25 cm, 2021.

Estudio de vainilla, Gimena Romero, pintura a la aguja, hilo de algodón sobre algodón, 15 cm, 2021.

Estudio de liebre, Gimena Romero, pintura a la aguja, hilo de algodón sobre algodón, 12 cm, 2021.

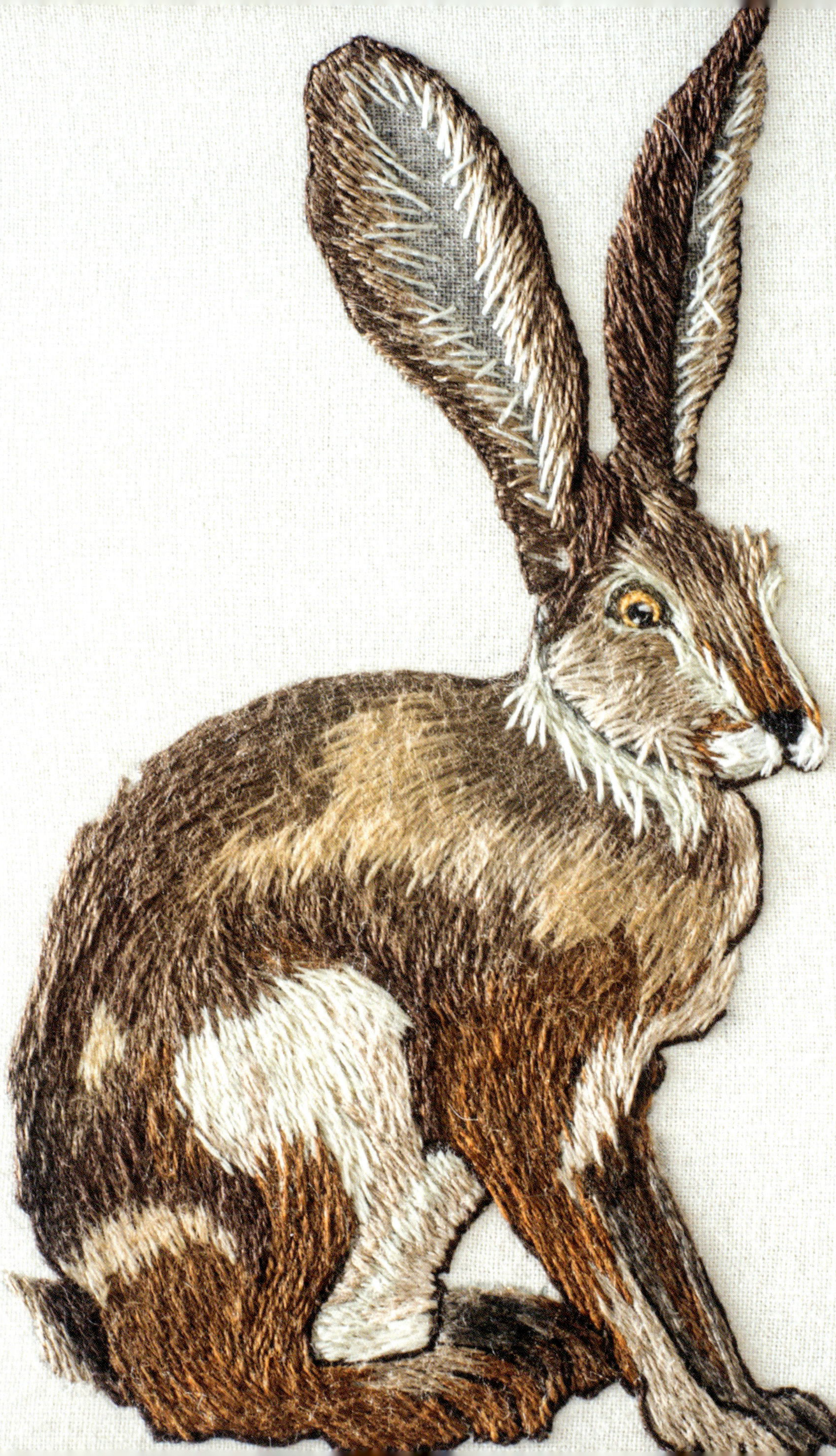

Coyotes de fuego

Fuego

El fuego en el aire se convierte en ceniza

El fuego es la dirección, la intención, el impulso y la ruta. En el bordado, es el sentido de la puntada. Se puede tener un equilibrio de colores perfecto, un dibujo seductor y una técnica exquisita, pero sin un buen sentido de la puntada la pieza final se verá plana y sin volumen.

El sentido de la puntada en el fuego no es lo mismo que el cauce del hilo en el agua. Al hablar del "cauce del hilo" me refiero a cómo conviven y se mezclan los colores, a la técnica de relleno, no al sentido de la puntada. Podemos tener un relleno pulido, con una gama de color delicadamente seleccionada, pero sin el sentido de la puntada no tendrá volumen. Serán solo plastas de color que lo simulan. Digamos que el barro que se crea con la tierra y el agua se cuece en el fuego, y ahí la pieza se levanta, adquiere movimiento, dirección y volumen.

Las piezas que puedes ver a continuación fueron bordadas a partir de un mismo dibujo, con los mismos colores, separación de color, cauce y ritmo. La única diferencia es que la de la izquierda no tiene sentido de la puntada, el hilo cae de arriba abajo. En cambio, en la de la derecha hemos aplicado un sentido de la puntada coherente. La pieza de la derecha tiene fuego; la de la izquierda, no.

El sentido de la puntada se identifica observando cómo crece y se mueve el modelo o la figura que vamos a bordar.

Comparativa de caribús

Pero es importante observar primero dónde sucede el fuego en tu forma de bordar, cómo es tu movimiento. Todo empieza en el tamaño de la hebra. La ideal para bordar es diferente para cada bordadora, pues es una medida corporal: desde el corazón hasta donde alcancen tus dedos. Observa cómo se mueven tus brazos, el movimiento continuo de tus manos, tus dedos, tu boca… Reconoce los músculos de tu abdomen, ¿están firmes o relajados? Tu espalda, tu cuello, tus ojos.

La medida ideal de la hebra

¿Cómo es la danza con el hilo? El fuego es movimiento en tu proceso, en tu cuerpo y en tu pieza. Estos tres momentos de fuego hablan del que habita en ti. En el bordado, es peculiar el fuego, pues proviene de la emoción del agua y de la materialidad de la tierra, por lo que es un fuego muy sutil, como una quema en silencio; es movimiento submarino que emerge en lo que sucede al final de la aguja.

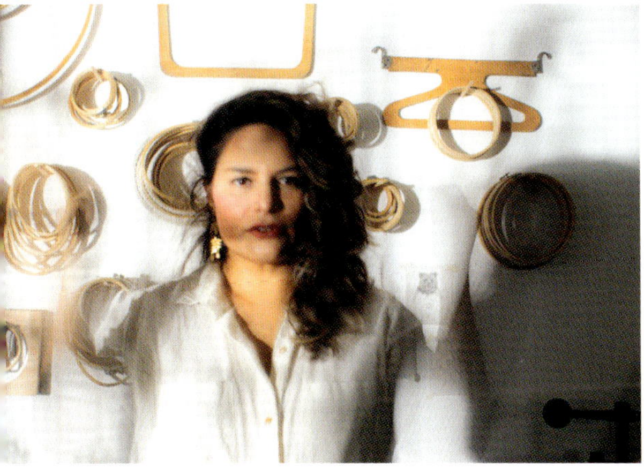
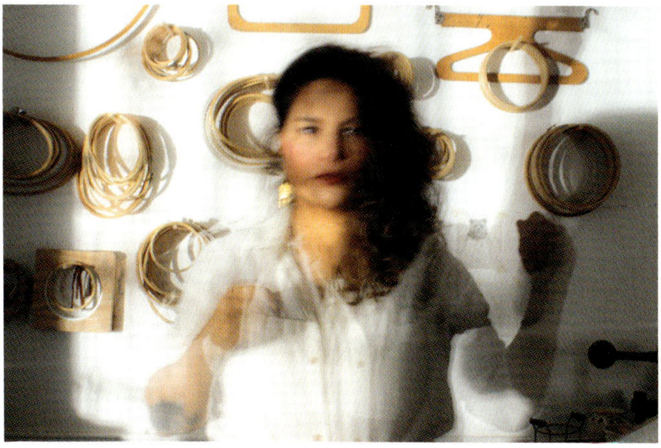
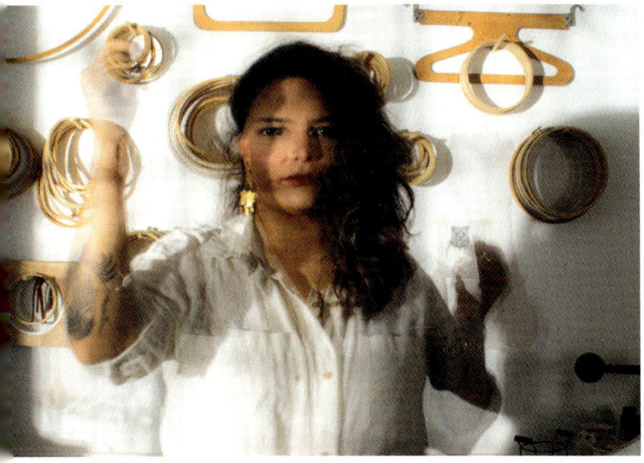
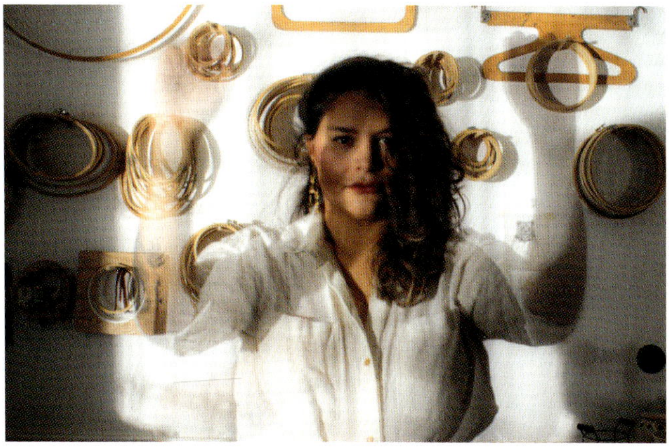
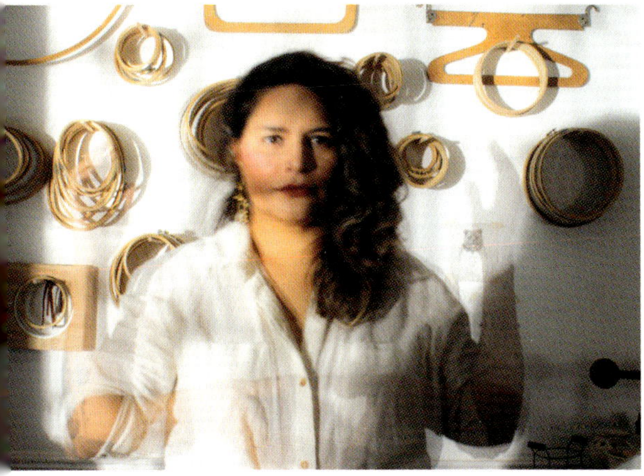
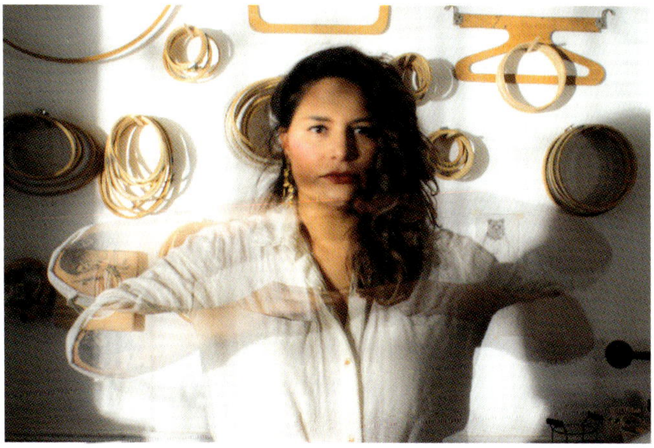
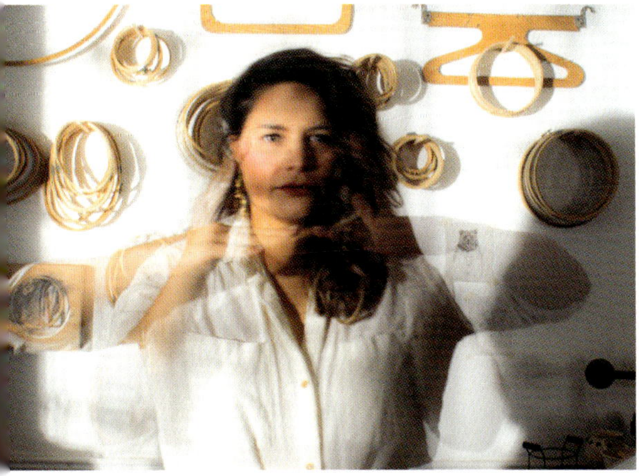
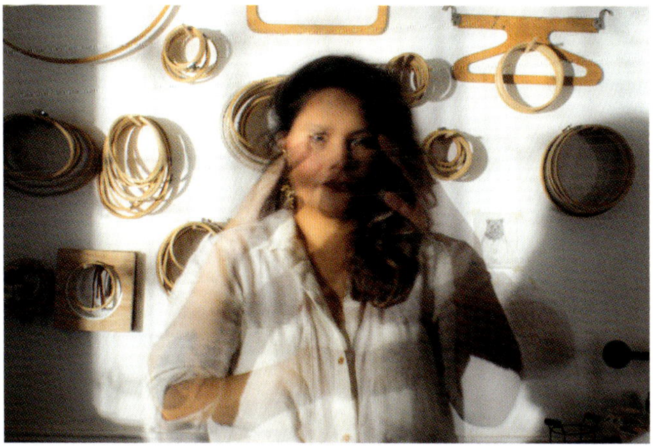

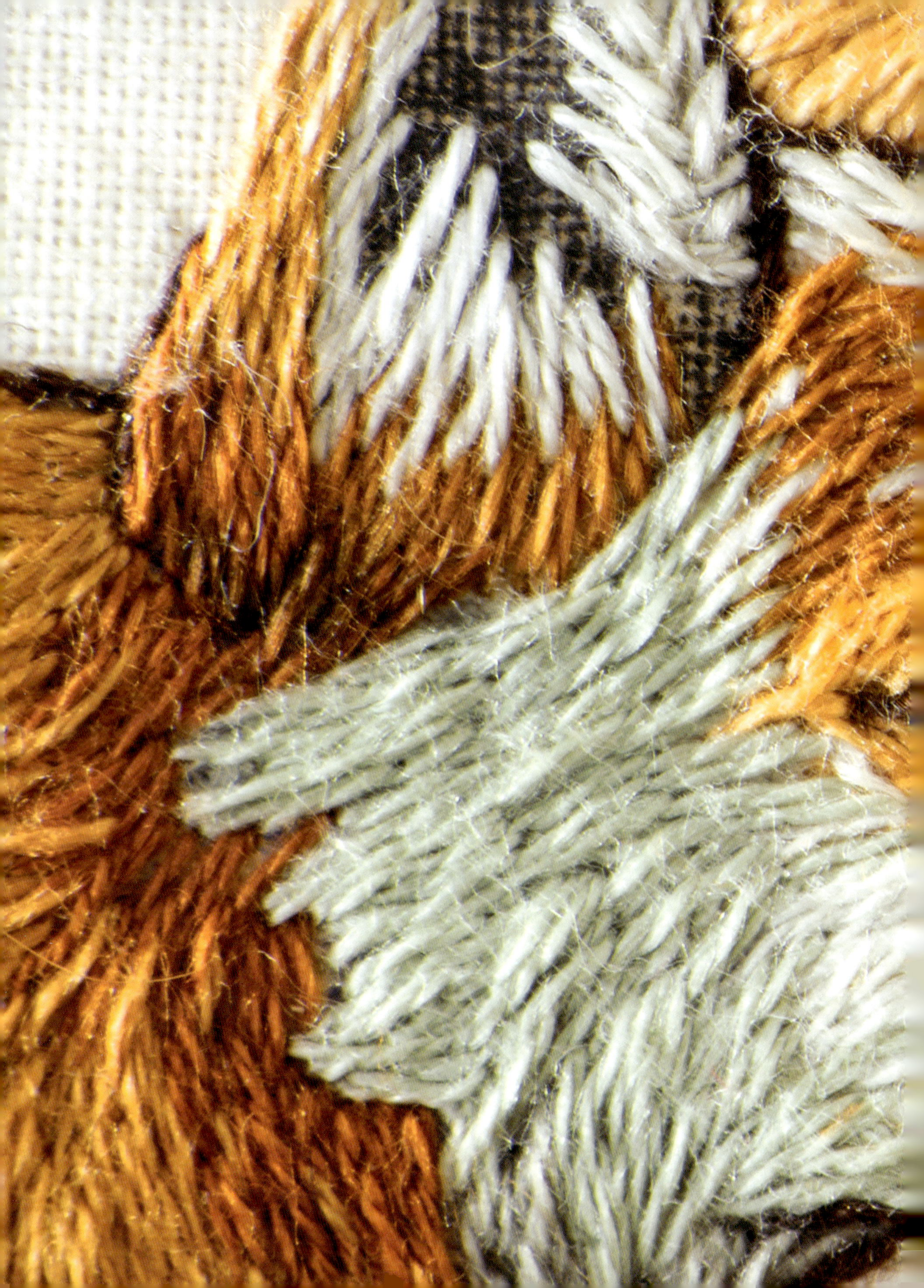

Estudio de coyote

A través del sentido de la puntada se modela el bordado, se le aporta volumen y se esculpe una ficción de vida en el imaginario de la tela.

En los ejercicios de este libro te he indicado el sentido de la puntada, pero para saber por dónde ir puedes fijarte en el sentido en que crecen las plumas, los pelos o las escamas de tu modelo. Si no estás bordando un animal, usa la intuición al observar los volúmenes. El bordado *Coyotes de fuego* es una muestra del uso del cauce del hilo y de la dirección de la puntada. Tenemos un buen cauce, un relleno pulido y una buena técnica de relleno.

Aunque para esta pieza utilicé 120 colores diferentes, no lo parece, porque tiene excelentes transiciones y mezclas armónicas. En el coyote de la derecha podemos ver una separación de color más seccionada que la del de la izquierda, que tiene una mezcla más homogénea. Esto hace que el de la izquierda tenga un poco más de movimiento que el de la derecha, pero los dos tienen una dirección de la puntada muy clara, lo que hace que parezca que los pelos de los coyotes se muevan. Además, la separación entre las patas traseras y las delanteras aporta movimiento a las figuras.

65

El impulso y la intención

Sigue el impulso del color que seleccionaste, y siente el movimiento y el avance del punto sobre la tela. Esta dirección lleva un baño de color y da vida a la figura. Permite que estos ríos de llama se estrellen y creen contraste a partir de las diferentes direcciones. A esto lo llamo *contraste por textura*. Si usamos la dirección de la puntada indiscriminadamente, esta técnica sería imposible.

En esta muestra podemos ver que la dirección de un relleno viene de un lado y que en el otro hay un relleno contrario, y que se estrellan en la mitad de la muestra marcando una división en el centro del círculo. Esto es el contraste por textura y se usa cuando se quiere hacer una separación en la figura sin cambiar de color. Por ejemplo, en el bordado *Estudio de coyote*, aunque cambien los colores junto a la cola del animal, tuve que hacer una separación por contraste para no ahogar el resto del trabajo. Es un recurso muy sutil que requiere mucha precisión, pero funciona muy bien.

Muestra decontraste por textura.

66

El sentido de la puntada

En el *Estudio de pera* hemos observado un sentido de la puntada más complicado en la base. Para aportarle volumen y esa ilusión de redondez, conviven cambios muy violentos que permiten que los brillos, las sombras medias y el color habiten una misma zona, lo que le da textura y volumen a la vez.

Imagina el sentido de la puntada como un baño de color que cae poco a poco, como cuando el agua cae desde la cabeza sobre un rostro que mira hacia arriba: las gotas no caen de manera uniforme, sino que cada una traza su propio camino hacia abajo. Del mismo modo, en el bordado la dirección de la puntada es dinámica, cae de diferente modo en cada modelo. Observa y recuerda cómo te sientes al tomar el sol o al mojarte con la lluvia. De todas formas, no te agobies. Con estos ejemplos solo quiero entrenar tus ojos para detectar estas dinámicas y matices, pero no es algo que debas dominar a la primera.

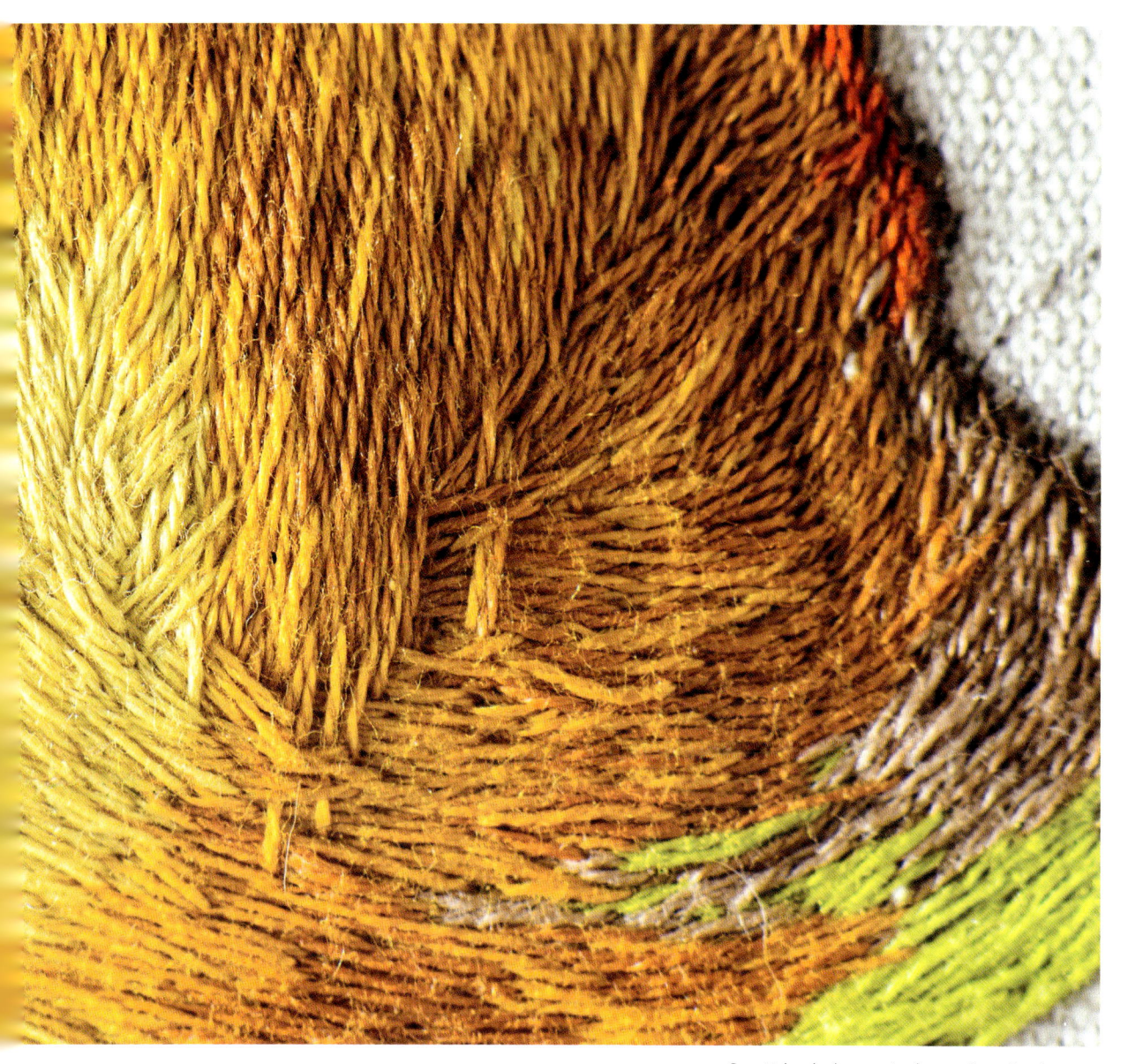

Sentido de la puntada en *Estudio de pera*

OBRAS DE ESTA SECCIÓN:

Estudio de caribú 1 y 2, Gimena Romero, pintura a la aguja, hilo de algodón sobre algodón, 17 cm, 2021.

Coyotes de fuego, Gimena Romero, pintura a la aguja, hilo de algodón sobre algodón, 41 cm, 2021.

Estudio de coyote, Gimena Romero, pintura a la aguja, hilo de algodón sobre algodón, 17 cm, 2021.

Estudio de pera, Gimena Romero, pintura a la aguja, hilo de algodón sobre algodón, 17 cm, 2018.

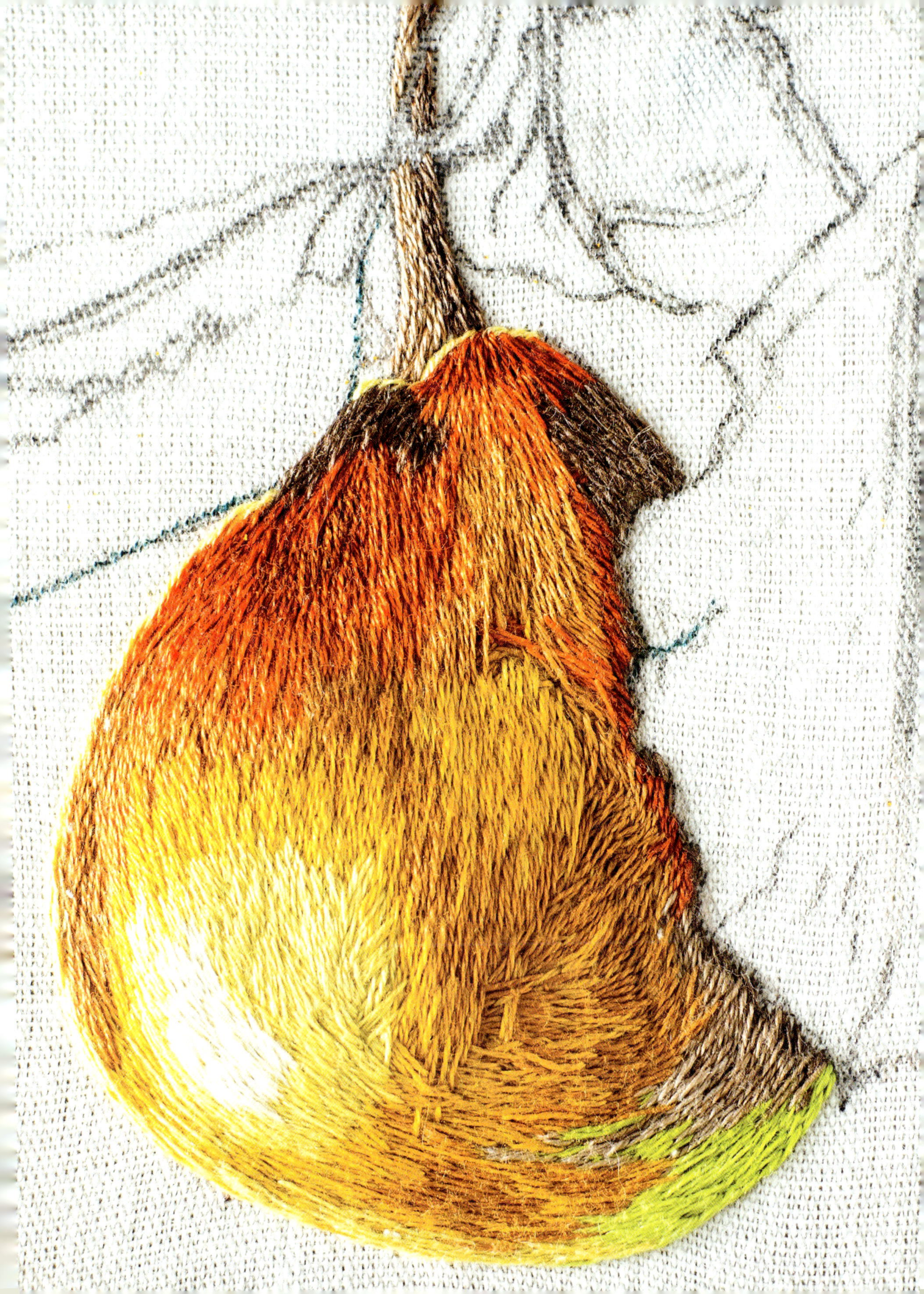

Aire

El viento en el silencio es un desborde del cielo

El aire es un acto de fe a la vista.

No hay forma de representar el aire de forma pictórica, solo el comportamiento de los objetos cuando este aparece. El aire es versátil, el medio en que habitamos y que necesitamos para existir. Jamás podremos saber qué es el aire en nuestro interior si no entendemos qué es el aire en el mundo.

La respiración y el latido del corazón son nuestros ritmos vitales. Una de las primeras y grandes impresiones que tuve con la técnica fue cuando empecé a escuchar el bordado. Puntos sonoros o sonidos textiles, como si alcanzara a ver lo que bordo al cerrar los ojos y escuchar, como una respiración. Ritmos que se inflaban y vaciaban quedaban impresos en las telas, ejecutados con la misma herramienta e indicación de muy diversas maneras, como tantos intérpretes de un mismo instrumento ha habido en la historia. Cada respirar es diferente, y su grado de variación radica, en buena parte, en la técnica y la habilidad. Sin embargo, lo que convierte un trago de aire en vida no obedece tanto a la lógica como a la naturaleza: hasta el aire necesita aire para expandirse y ser respirado. Lo mismo ocurre con el bordado: a veces siento que, aunque es transparente, lo entiendo mejor cuando cierro los ojos.

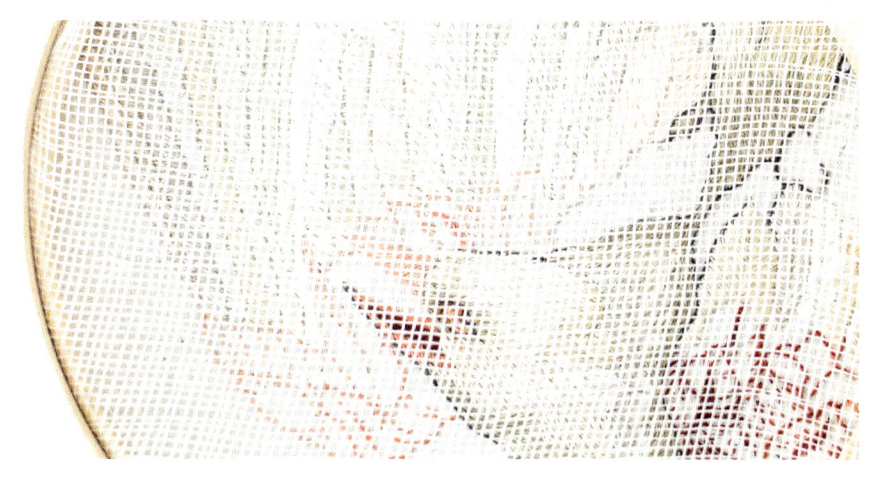

Golondrina albina

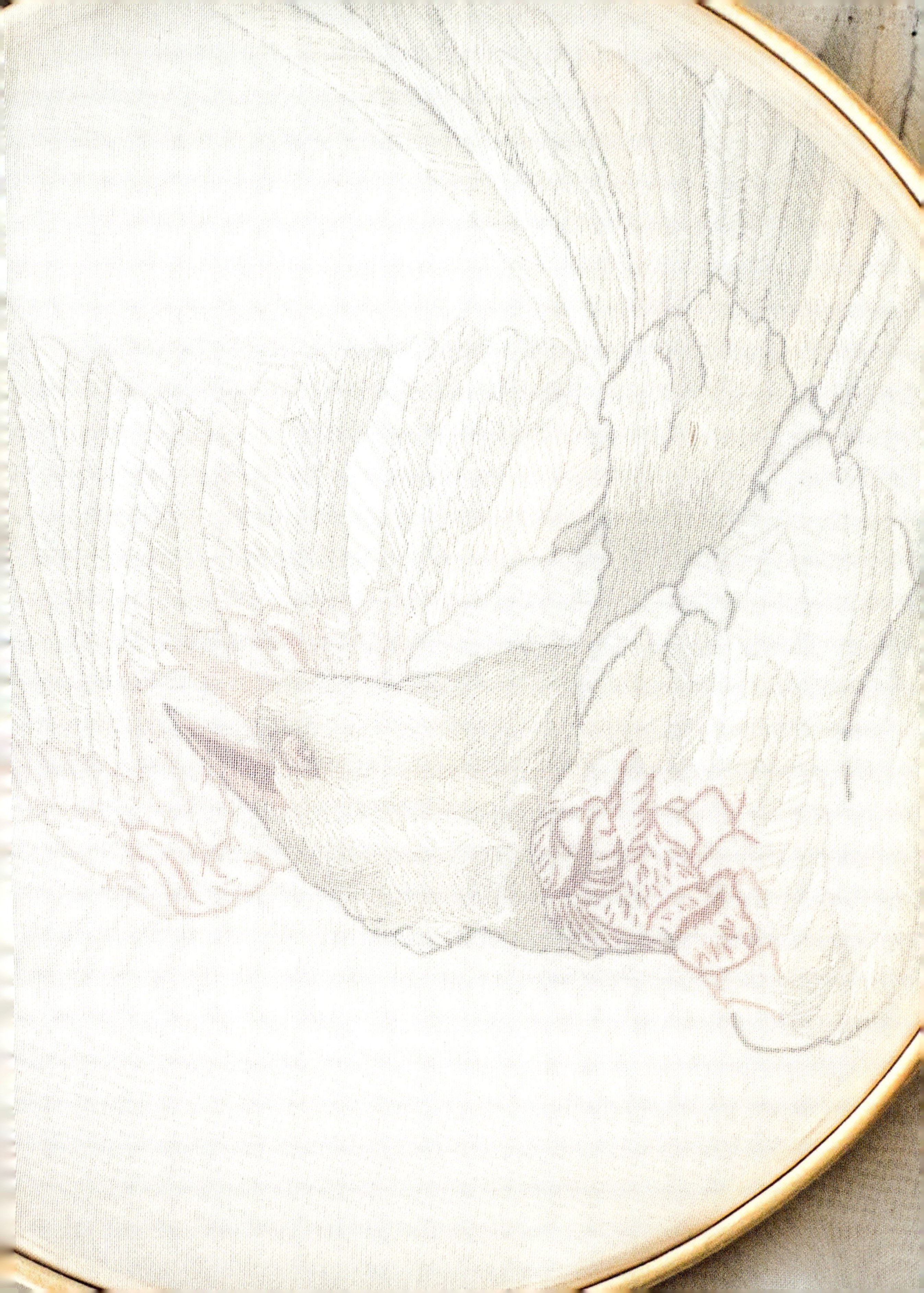

La respiración y el hálito de vida

En el bordado existe un fenómeno muy habitual entre las bordadoras al que llamo *bordado ahogado*. Esto se produce cuando ahogamos la pieza porque la "sobrebordamos". Cuando uno borda una pieza completa, sin dejar espacios de tela libres, es imposible apreciar todo el trabajo. Hay cierta ansiedad por depositar más y más hilo en un solo lugar y esto, en lugar de producir un ritmo armónico, se convierte en ruido. Para mí, es igual de interesante una tela atiborrada que una vacía..

El bordado es una técnica delicada, vaporosa, sucede en el aire. El bordado se produce antes que nada en la concepción, en las entrañas, en el aliento; sube por la garganta y se derrama en la mente como un trago caliente cuando hace calor. El bordado sucede en el aire después de que las manos lo toquetean un rato, en la aguja y, al final, se posa en la tela, suave, como un diente de león que cae después de haber sido deseo.

Cuando uno borda, no solo plasma el patrón o la figura que está en la tela. También se borda el revés: incluye las decisiones de los espacios que dejamos sin bordar. Es iluso pensar que los protagonistas del bordado sean el hilo, la tela y la aguja. Los materiales de una bordadora son mucho más abstractos, como la luz, el aire, la mente y el tiempo.

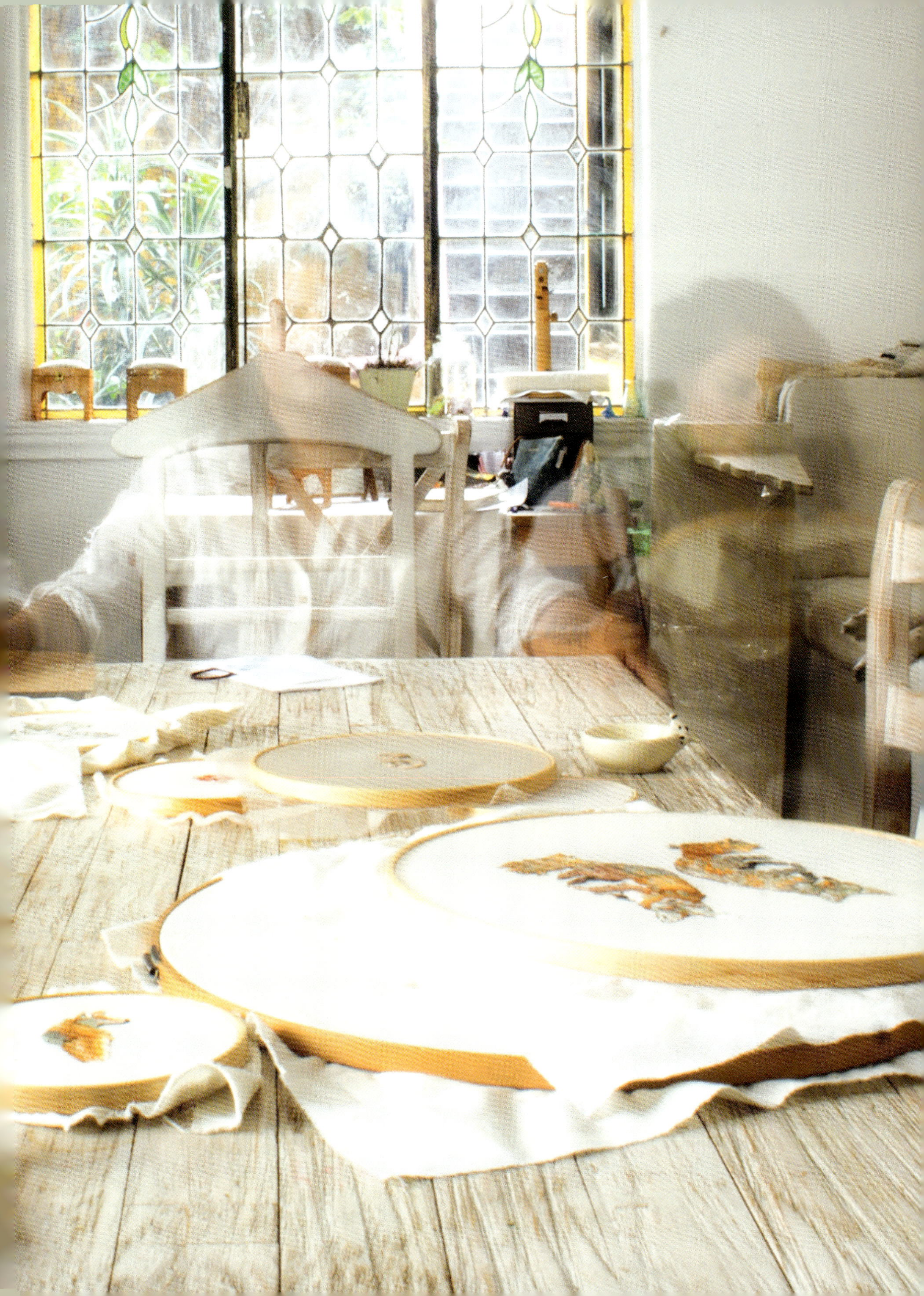

En la literatura, la única forma que usa los silencios como recurso es la poesía. Se necesita del silencio para construir el ritmo y el espacio en que habita cada verso, como si cada poema tuviera una respiración distinta. Es muy diferente decir:

"Coger humedad de ver cómo sube la marea. Esta luna llena trae la primavera, y yo estoy en el frío más violento del mar de Cantabria. Lloro bajito para que el llanto se confunda con las olas. Aunque es invierno, que también sea ya primavera. Me mira en voz alta. Ser la luz, la ola y también la tormenta. Y, al final, ver como sube la marea. Ver cómo sube la marea".

A decir:

"Coger humedad de ver cómo sube la marea.

Esta luna llena trae la primavera, y yo estoy en el frío más violento del mar de Cantabria.
Lloro bajito para que el llanto se confunda con las olas.
Aunque es invierno, que también sea ya primavera.

Me mira en voz alta.
Ser la luz, la ola y también la tormenta.
Y, al final, ver como sube la marea.
Ver cómo sube la marea".*

* *Ver cómo sube la marea, 2019.* Es un poema rescatado de la libreta de viaje que llevaba durante la última gira de presentaciones por el norte de España. Es un buen ejemplo para identificar la morfología del lenguaje reflejado en la obra después.

¿Cómo sería posible construir un lugar donde no hay espacio? Se necesita aire para dar una intención, para que se aprecie lo bordado. Sin estas pausas de textura, no termina de darse la técnica, pues se ahoga en el proceso. Un bordado conjurado es donde se puede ver cómo el hilo habita en la tela.

Incluso dentro del relleno que forma el grueso de la pieza, siempre procuro no saturar de hilo. Si tengo dudas, prefiero no dar el siguiente punto a correr el riesgo de ahogarlo. Es más fácil corregir un bordado con espacios que uno al que no le cabe nada más.

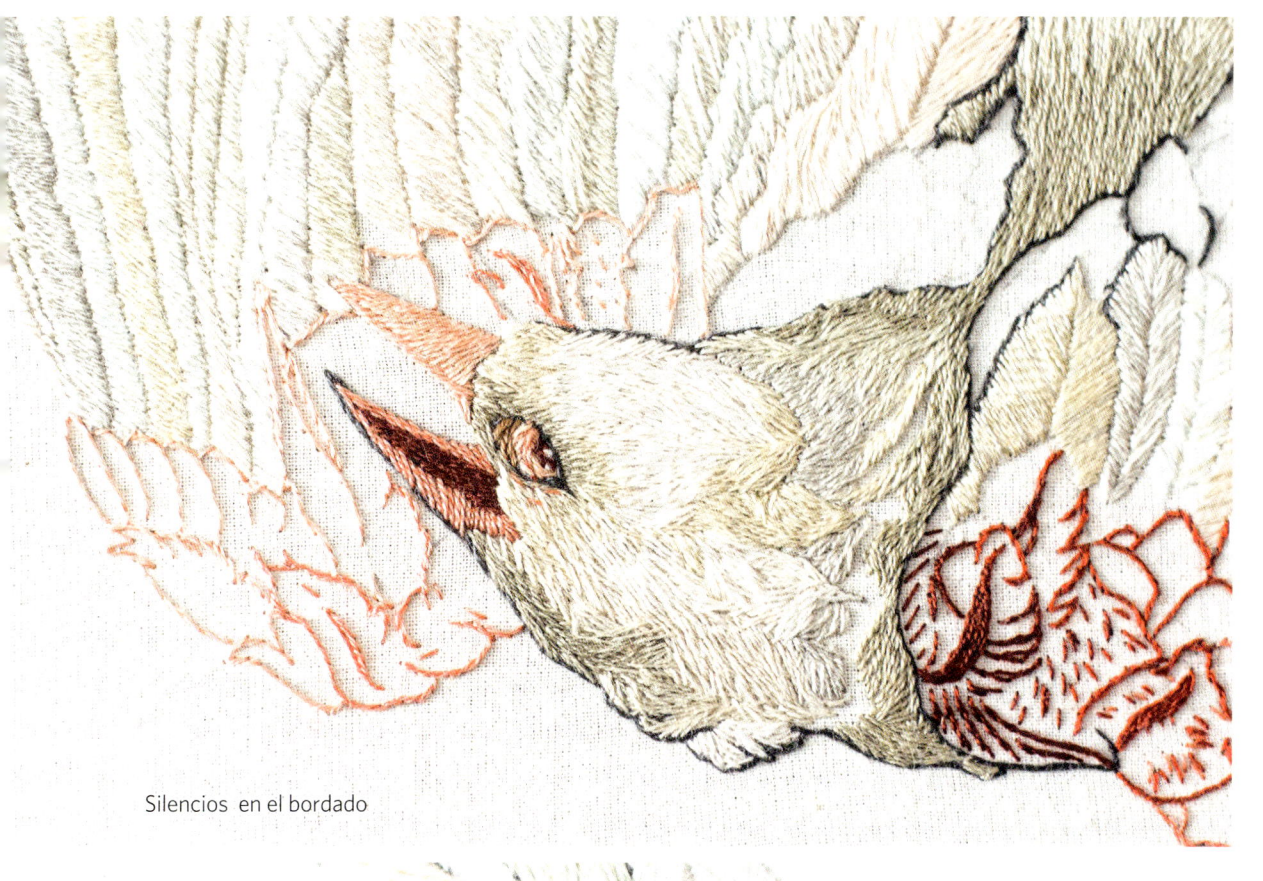

Silencios en el bordado

Espacios dentro del relleno

Los silencios

Otro modo de marcar silencios en esta técnica es hacerlos por área. Puedes detallar mucho una parte, y dejar áreas abiertas, libres de hilo; automáticamente, el cerebro completará estas áreas con un dibujo imaginario. En la pieza que ves a continuación, *Golondrina albina*, la cabeza tiene un altísimo grado de detalle y una fuerte expresión, lo que me permite dejar áreas con rellenos abiertos y sin bordar a los lados.

Los silencios son, probablemente, el recurso técnico más difícil. Suelo decir que lo más complicado del bordado (y de la vida) es saber cuándo parar. En el proceso, los silencios son un continuo "saber cuándo parar" para guardar aire en el relleno y hacer separaciones por silencio.

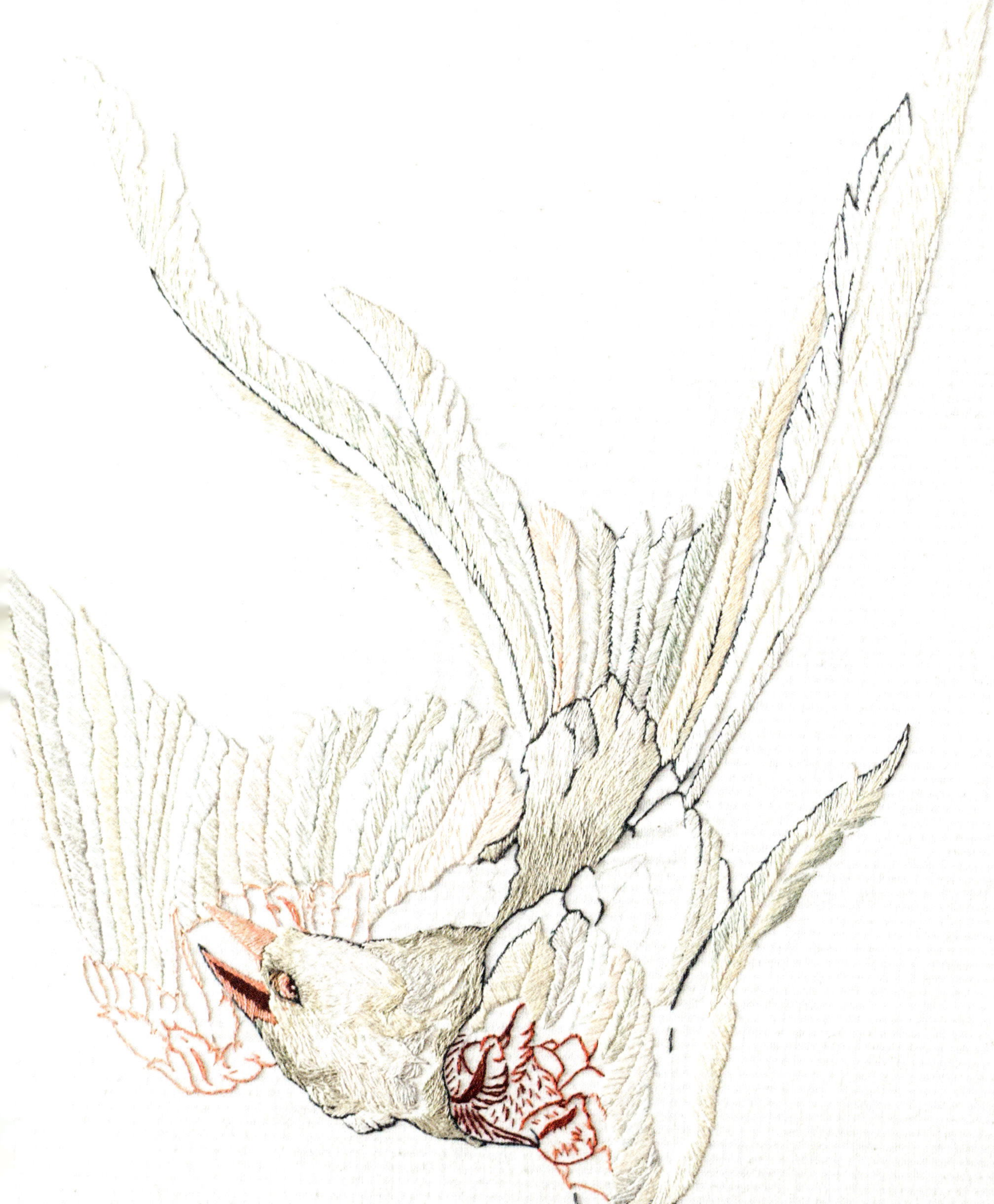

El aire dentro del relleno

Todas las formas artísticas —como la escultura, la música, la arquitectura, el cine o el bordado— constituyen sistemas específicos de pensamiento. Son lenguajes con configuraciones y mecanismos propios y particulares que representan los modos de corriente sensorial y corporal característicos de cada medio artístico, formas de pensamiento, imágenes de la mano, del cuerpo, y conocimiento existencial esencial, no una mera estetización visual y metafísica mediante el material, la textura, el espacio, la estructura, la materia, la gravedad y la luz. La gráfica textil se encuentra no solo en la belleza de los escenarios y encarnaciones del hábitat: el bordado vivo articula nuestra experiencia como una sola bocanada de aire infinita compartida por toda la humanidad. Un grito de vida. Un exhalar en el tiempo.

Estudio de cuervo

OBRAS DE ESTA SECCIÓN:

Golondrina albina, Gimena Romero, pintura a la aguja, hilo de algodón sobre algodón, 51 cm, 2021.

Estudio de cuervo, Gimena Romero, pintura a la aguja, hilo de algodón sobre algodón, 15 cm, 2021.

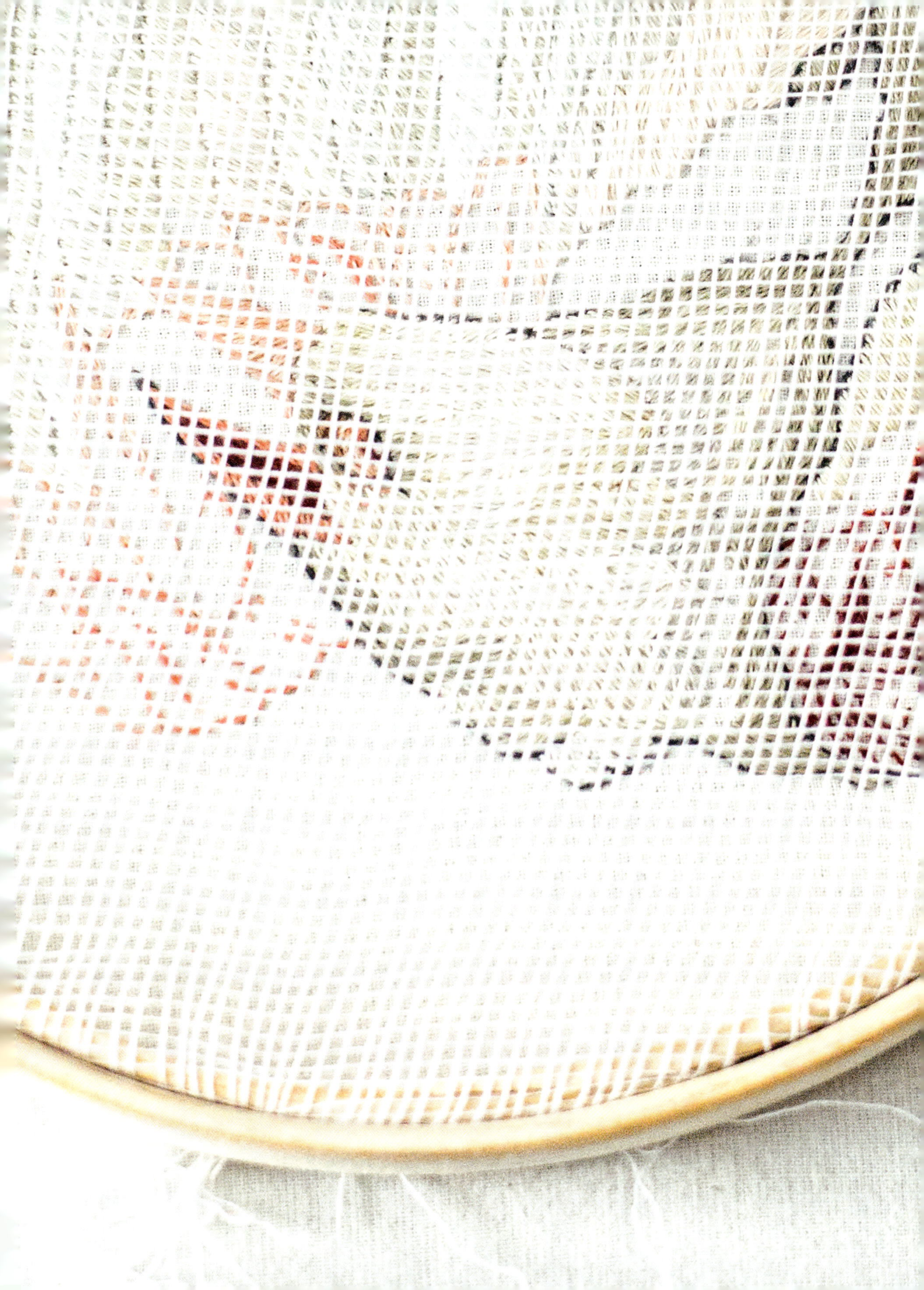

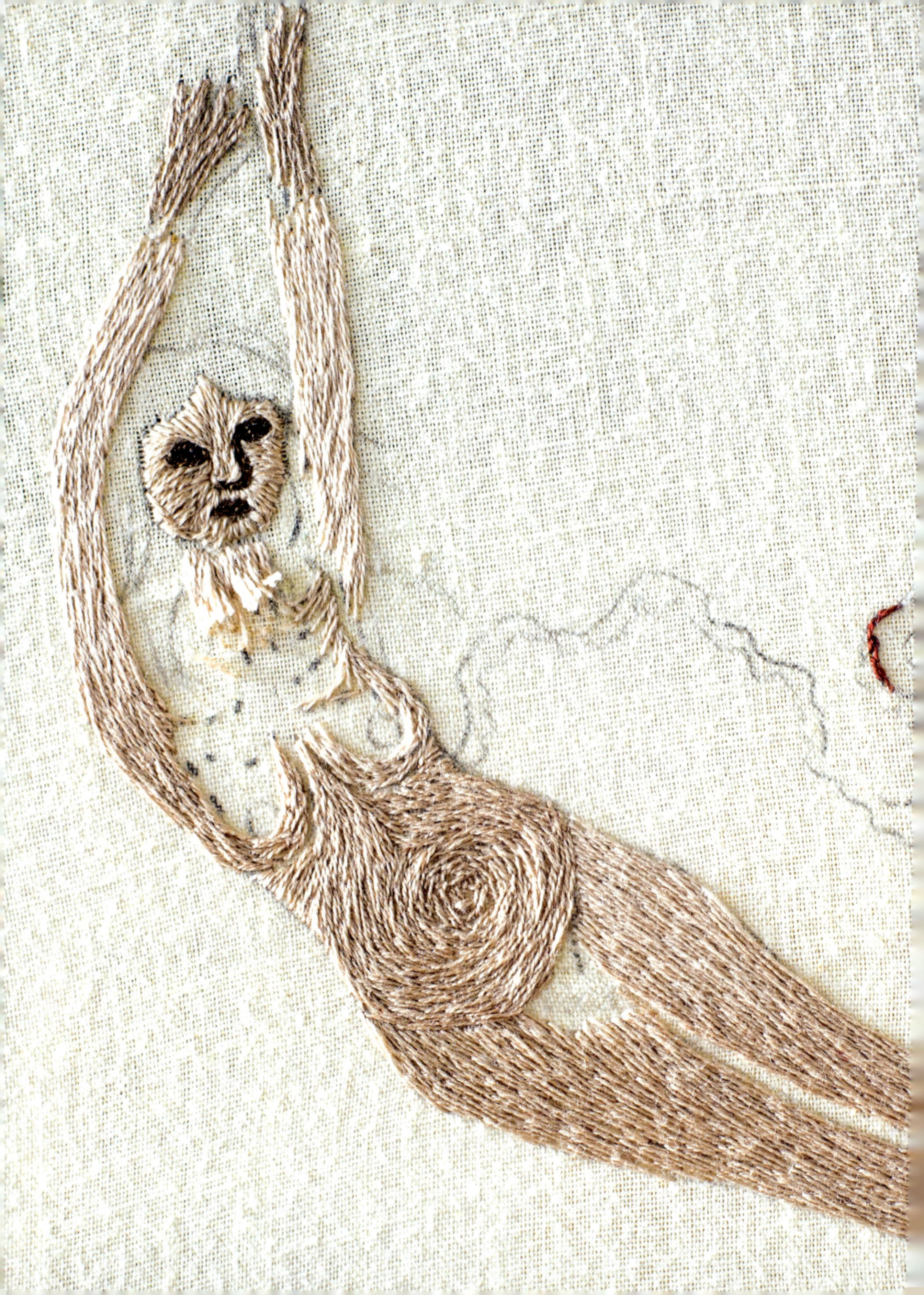

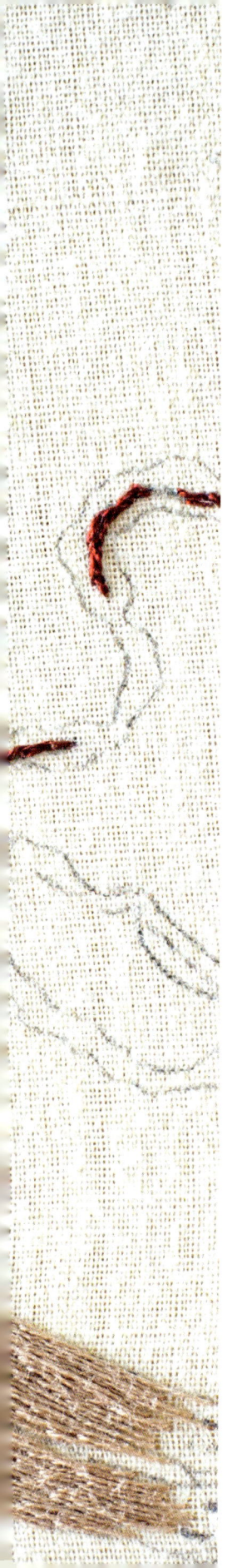

Alma

Un alma que se une a la tierra es un dar a luz

El bordado crea conocimiento.

El sentido de la vida es el sentido base, el que nos permite aferrarnos a ella y desarrollar la capacidad de percibirla y experimentarla. A diferencia del llamado "sentido de supervivencia" —que es más un instinto—, el sentido de la vida es una consciencia mucho más permanente de la que se desprenden diferentes tipos de emociones e impulsos.

El alma en el bordado nos impulsa a hacer lo que hacemos, la génesis de la vida que, en cada uno, es única. El modo de sacar una y otra vez la aguja muestra esa diferencia entre los trazos de cada bordadora. unos dudosos o inocentes, otros suaves o relajados, duros, angustiados, apretados, ansiosos, fuertes, largos, delgados, anchos, valientes...
Cada cual a su ritmo, con su energía, tristezas, preocupaciones, historias, cansancios, aciertos, tiempos, temores y espacios. Todo ello contenido en una línea de hilo trazada no solo con la mano, sino con todo el cuerpo. Cada cual con su impulso de vida, tan único como única es la voz de quien se atreve a tomar una aguja y hablar de sí mismo.

Cada bordado lleva algo de quien lo borda. De lo contrario, solo sería un bordado muerto y sin expresión. Todo ello me pareció evidente al observar mis trazos y reconocerlos entre los de los demás, pero también al sentir el contacto de mi cuerpo con el material y el espacio; era como si estuviera dentro de una aguja. Creo que estas dimensiones acentúan el hecho de que el bordado no solo sale de la mano, sino que tiene que ver con una percepción y ejecución más completa y compleja que no es ajena —me atrevo a decir— a ningún ser humano.

Es como si en cierto modo pudiéramos conocer algo, una parte quizá pequeña pero esencial, de la bordadora. Bordar es hablar de uno mismo; es imposible bordar sin reconocer lo que nos habita, o mejor dicho, cómo nos habitamos.

Hace años iba a tener un bebé. Tenía vida dentro de mí y aquello se convirtió en todo, en la vitalidad compartida con el ser que más amo o que más amaba. Fue lo mejor que me ha pasado: estaba creando vida, hasta que ya no pude porque falleció. La primera vida que creé murió dentro de mí y se fue directa al cielo. Di a luz un ángel de sangre y de tiempo. Hubo un antes y un después de aquello. Entendí que la muerte no es lo contrario a la vida, sino que forma parte de sus características. Como la sombra de la luz.

El desborde y el habitarse en el propio proceso

El alma en el bordado es el desborde del propio ser en la tela. En el ejercicio del ir y venir de la aguja, alcanzamos a ver el reflejo de lo más puro que hay en nosotros. El ejercicio del bordado moldea nuestro cuerpo al capricho de su experiencia. La imagen textil nos modela como seres sensibles al pasar por nuestro cuerpo. Lo atraviesa como una aguja un pedazo de tela o de carne. Chupamos el hilo, lo sangramos, sudamos la tela mientras nos atrevemos a avanzar. Cuántos bordados con lágrimas hay en el mundo… Mi cuerpo se desdobla y ya no termina en la punta de mis dedos, sino al final de la pieza que sale de mí casi sin querer hacerla.

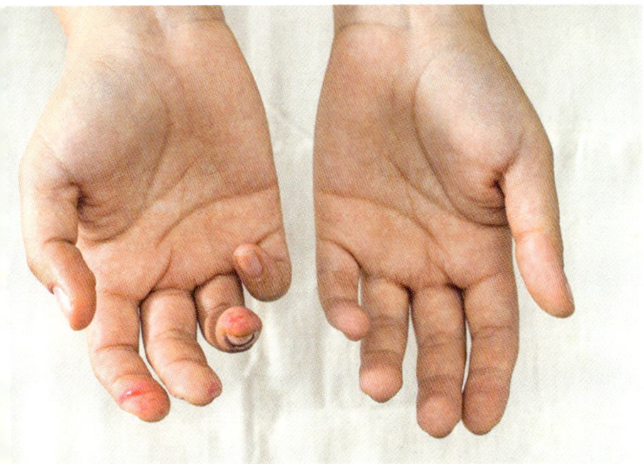
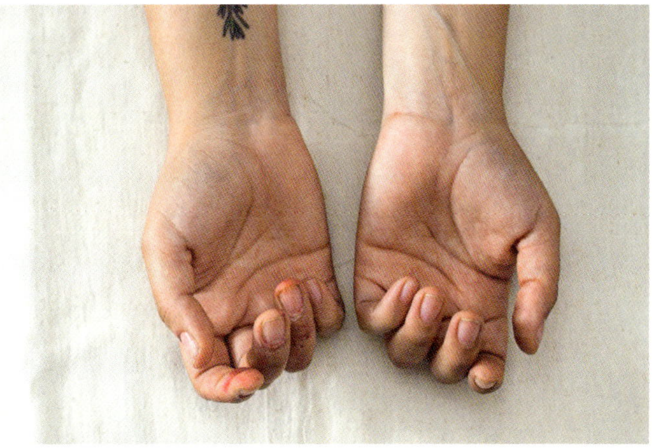
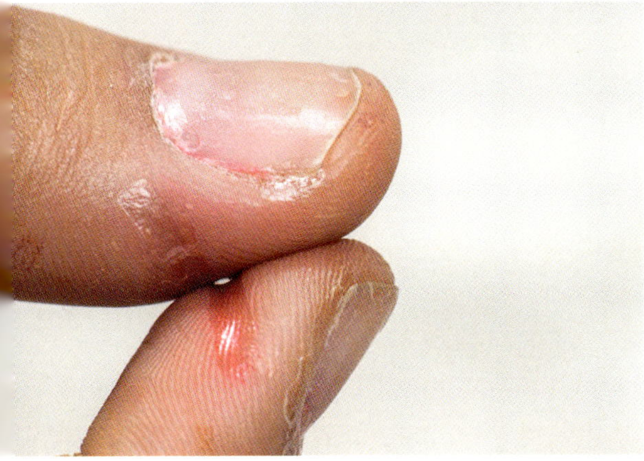
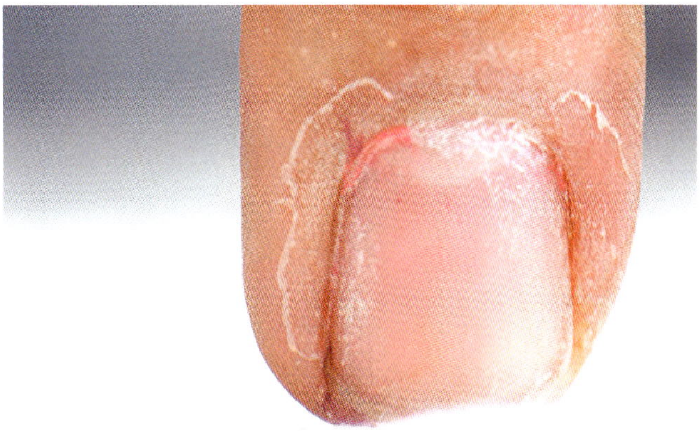
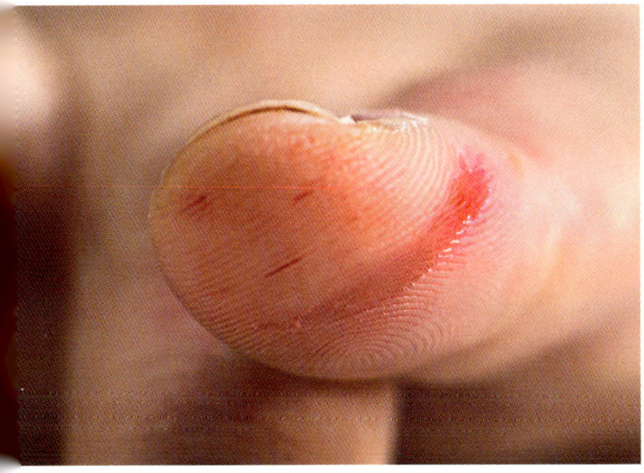
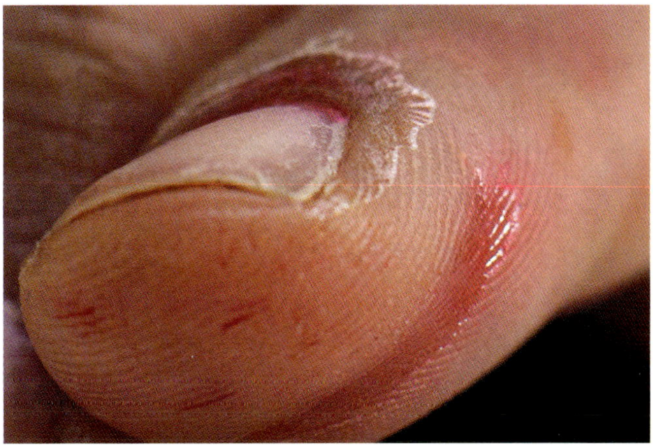
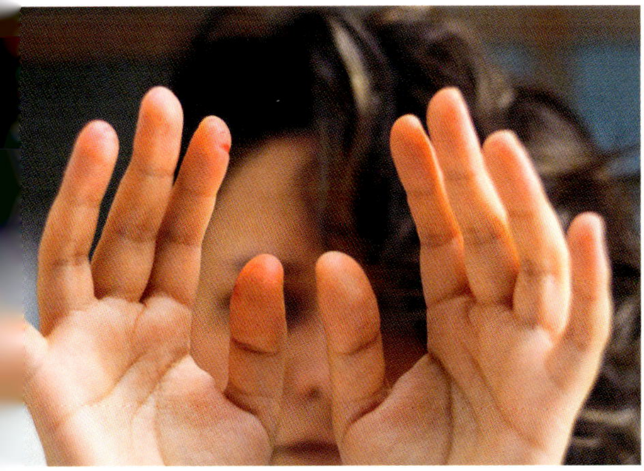
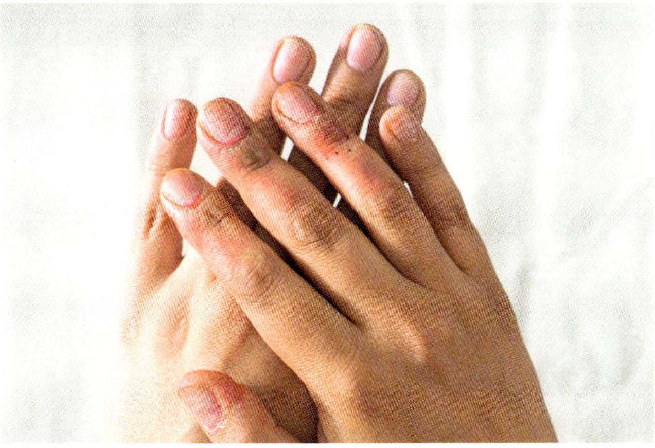

Cuando estaba embarazada, descubrí el sentido de la vida, no en tanto que dirección o respuesta, sino como el más primario de todos, un sentido que contiene todos los demás, pero que no puede percibirse a través de ellos, pero sí en su conjunto y a través de ellos. Al estar embarazada, al tener la pulsión en mí —una pulsión sagrada, germinante, verde, un germen de mí misma con el todo, con el otro universal, con el otro que no soy yo, con el mundo del que formo parte—, encarné la posibilidad y me hizo darme cuenta de que soy la vida, el caldo preóntico en ebullición nutritiva. Haber tenido una vida gestándose en mi interior, me hizo latirlo y encarnarlo cada día, hasta su muerte. Sé que sigue ahí, detrás de todo lo evidente, nublado por todo lo demás. A veces aún siento esa vida montada en mi propia respiración, más allá del tiempo. Está en la luz, en el aire, en el modo en que fluye la marea. El sentido de la vida aún palpita en mí, detrás de todos mis otros sentidos, y hay veces que aún noto a mi bebé, a esta pulsión de vida. Es un germen de mi carne, un musgo que no brota de mí; soy yo, y esto es algo más grande que el tiempo. Si existe un desborde real del alma es a través de la consciencia, y los extraños modos que tenemos de encarnarnos a nosotros mismos.

En lo personal me parece increíble —casi me da risa— que, después de catorce años de buscar la identidad a partir del rostro del otro, de la mirada, del tacto, de la voz, siempre a través del bordado, la técnica me entrenó corporalmente para evidenciar otros modos de percepción. Los fui desarrollando a través de la práctica observada y los años, los cuales, finalmente, y como llevaba tanto tiempo buscándolo, me llevaron al encuentro con el "otro" más significante de todos. Pero esa vez el "otro" estaba dentro de mí.

No tenía rostro, no tenía nombre, nunca escuché su voz. Fue un otro que tuvo un instante del universo, todo lo que necesitaba para dirigir la mirada hacia dentro, un latido, o la imaginación de este. Aunque sé que existió, nunca alcancé a escucharlo, pero estalló en mí como una hoja en la blanca muerte del invierno. Me convirtió en primavera, me volteó los ojos y lo encontré más allá de ellos. Lo sentí, lo viví, me comuniqué con él en sueños, pero solo lo pude ver cuando ya estaba muerto, en mi mano. Cubiertos de sangre, se llevaron nuestros cuerpos.

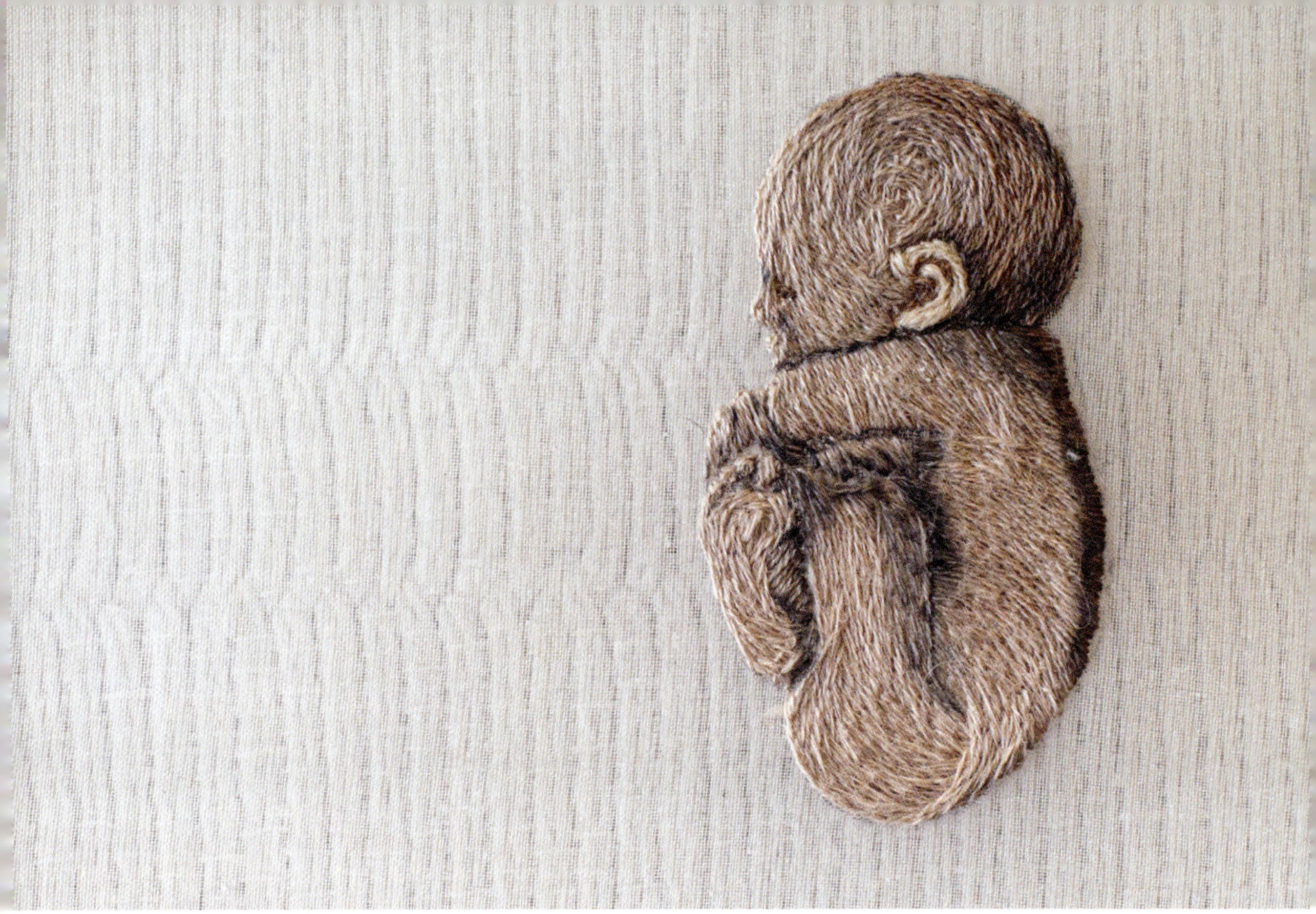

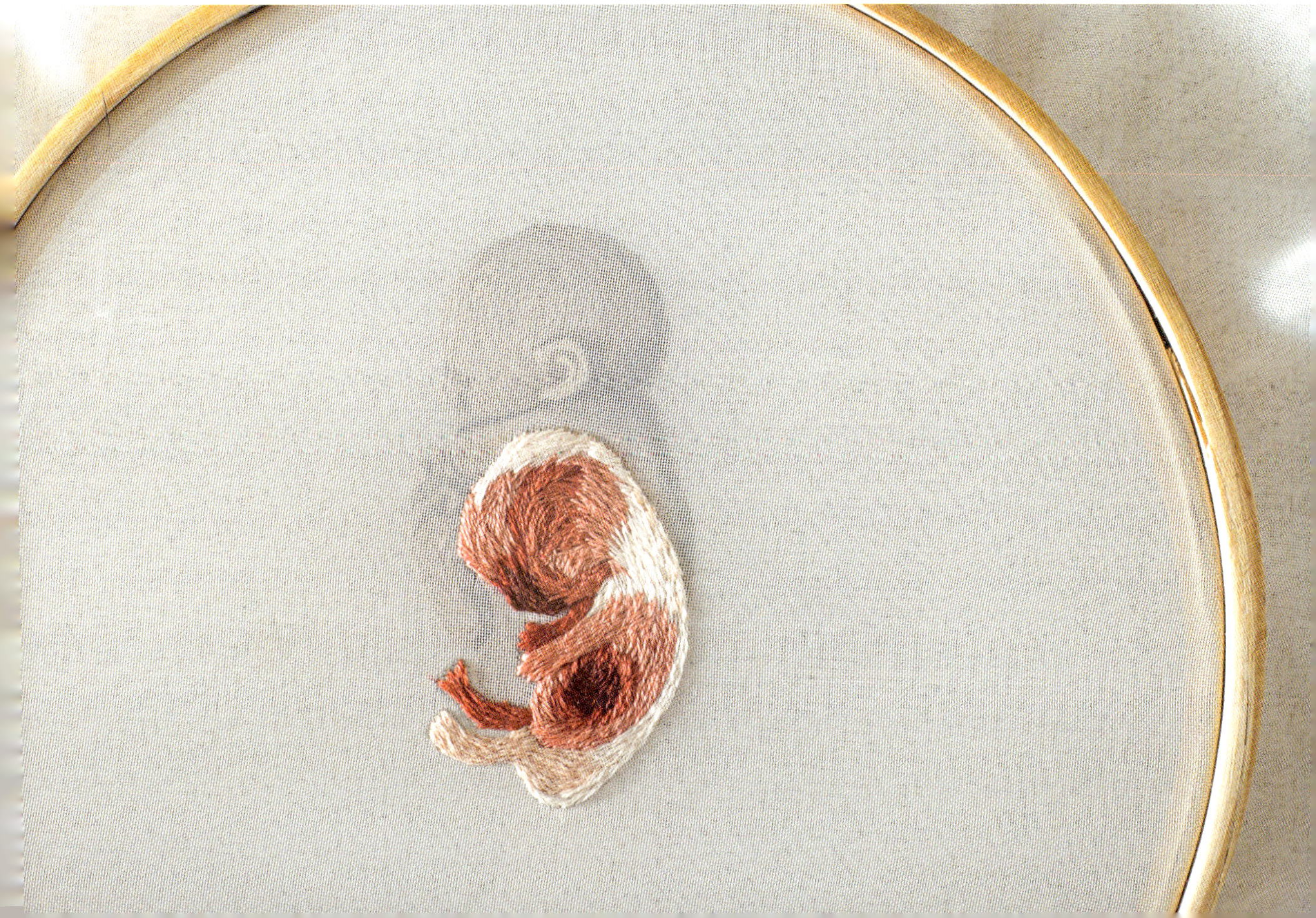

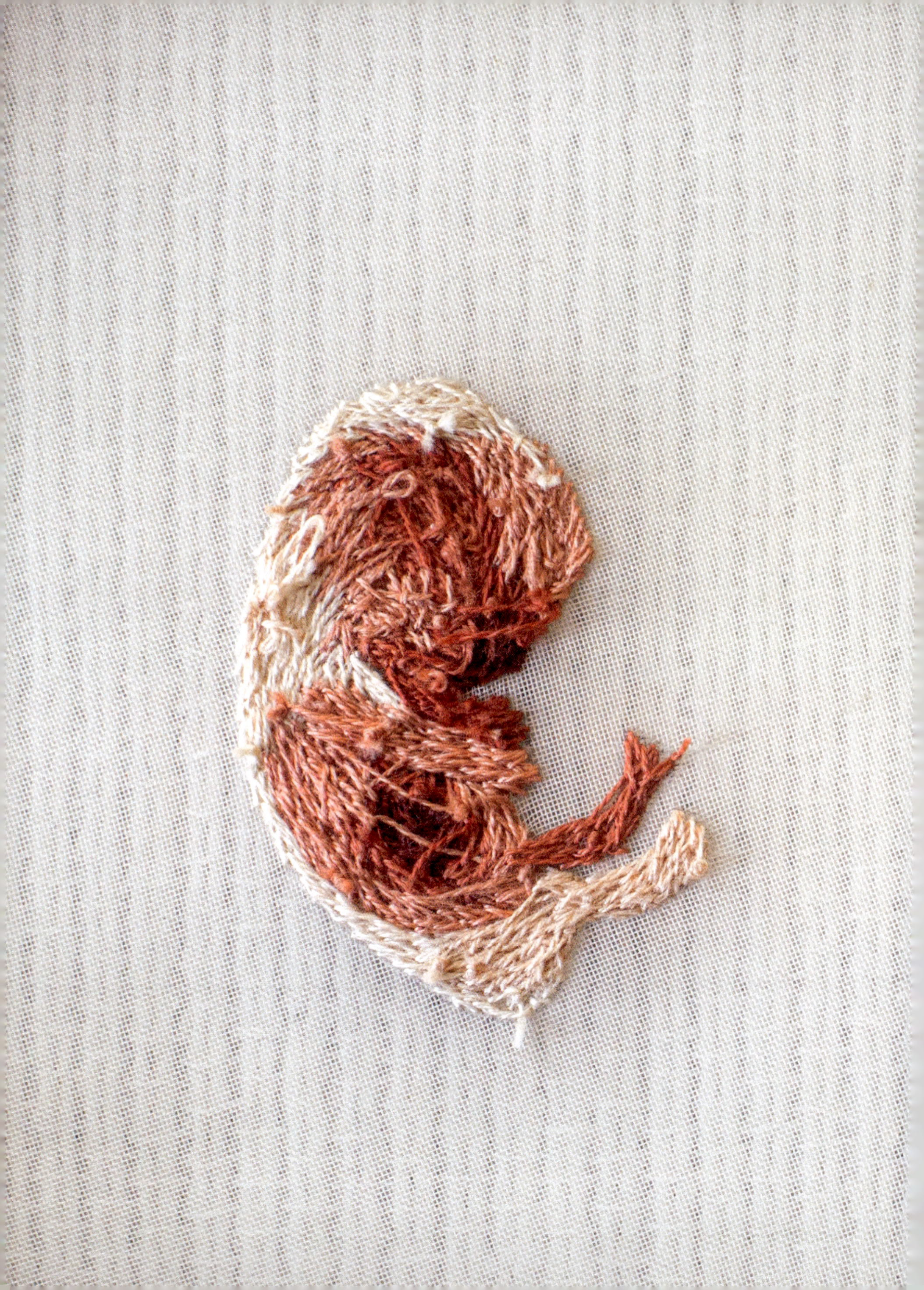

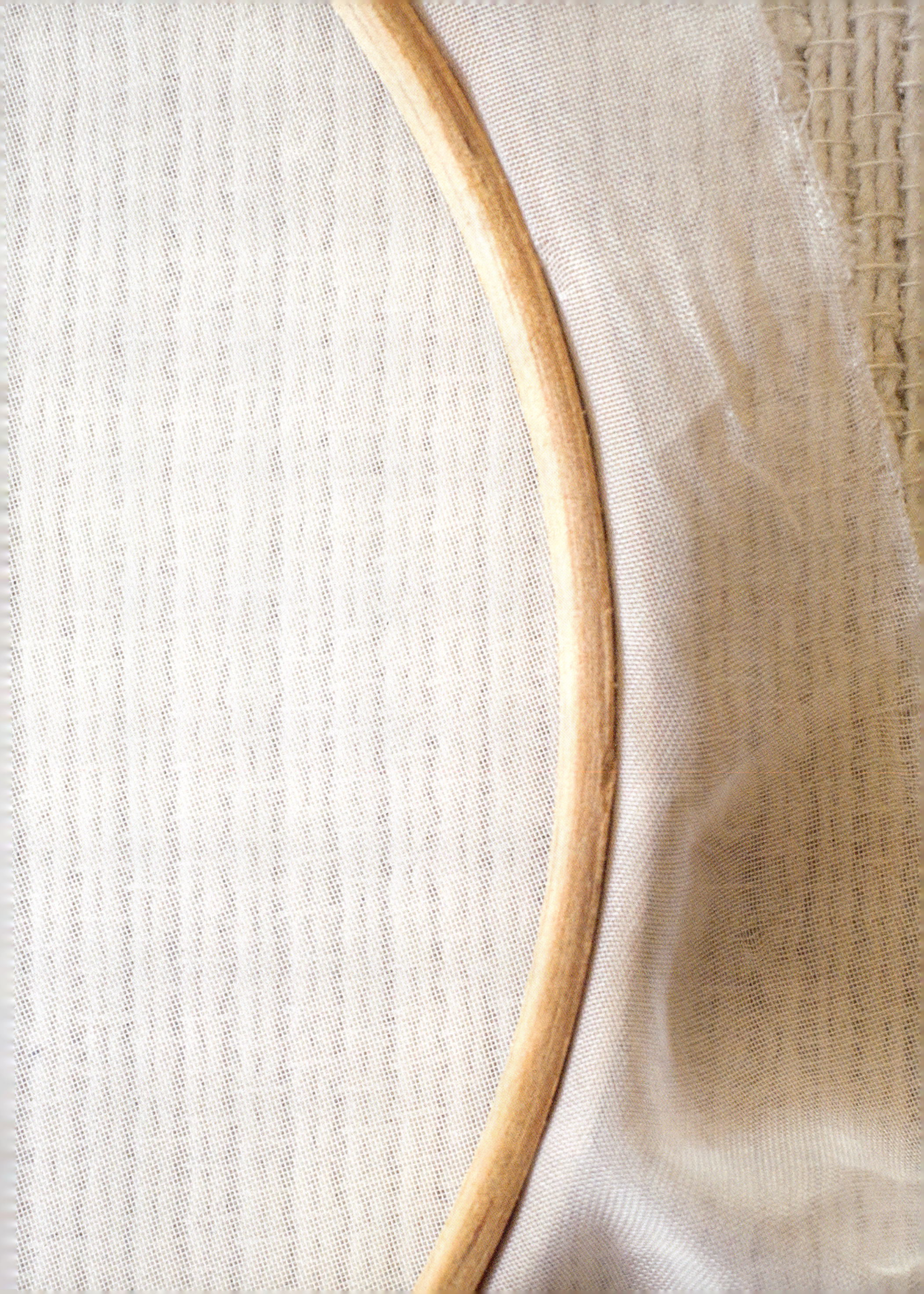

Llegué a entender el equilibrio entre el cuerpo y el alma, que son lo mismo, como la vida y la muerte, como mi bebé y yo. Mi clamor de existencia siempre ha sido vida, y en la muerte me reflejo.

Si nos definimos a través de la mirada del otro, mi embarazo fue una mirada hacia dentro a partir de la cual me identifico no desde el mundo, sino desde la mirada interna del otro, el otro más sagrado que hace presente la posibilidad de la vida dentro de mí solo por mi condición humana.

Hay cosas en la vida que podemos controlar y otras que no. Tenemos la capacidad de prever, cuidar, prepararnos, ser conscientes de la realidad que nos rodea a pesar de nuestro juicio, del mundo que sucede con o sin nuestra consciencia de nosotros en él. Podemos controlar cuánta atención damos a las llamadas del cuerpo, la calidad de la escucha que ofrecemos a otro ser a partir de cómo nos relacionamos con nuestra carne. Muy a nuestro pesar, no podemos controlar las manifestaciones de las cosas que escapan a esta escucha, pues no suceden a partir de una decisión ni responden a otra voluntad más que a la de la mente en un grito desesperado de atención, incapaz de manifestarse más que en estas pequeñas fugas de inconsciencia en la enfermedad y en el sueño. Por eso estos eventos violentos para con nuestro cuerpo —somatización de enfermedades, colitis, gastritis, pesadillas, perder a mi bebé— no deben juzgarse ni condenarse, pues son manifestaciones de algo que aún no somos capaces de nombrar. En su naturaleza de sombra, se encuentran en el inconsciente, y en honra a lo vivido y a lo perdido no podemos más que seguir buscando vocabulario y desarrollando herramientas para formular una narrativa a partir de la cual podamos reconocernos, identificar nuestras partes y tejer una historia que nos permita volcar la mirada del otro para conocer nuestro lugar en el universo. No se puede ser valiente sin haber reconocido el miedo.

Una vez conscientes de la fuente del miedo se puede —solo entonces— tomar una decisión consciente de cómo lidiar con él. Nuestra forma de relacionarnos con el miedo (como con el error) nos define, no la acción o el proceder en sí. Y no, no se puede ser valiente todo el tiempo (eso es de cobardes) porque el mero hecho de buscar la confrontación por la confrontación (aunque sea con uno mismo) es un deseo simple de matar al monstruo, en lugar de sentarse a hablar con él.

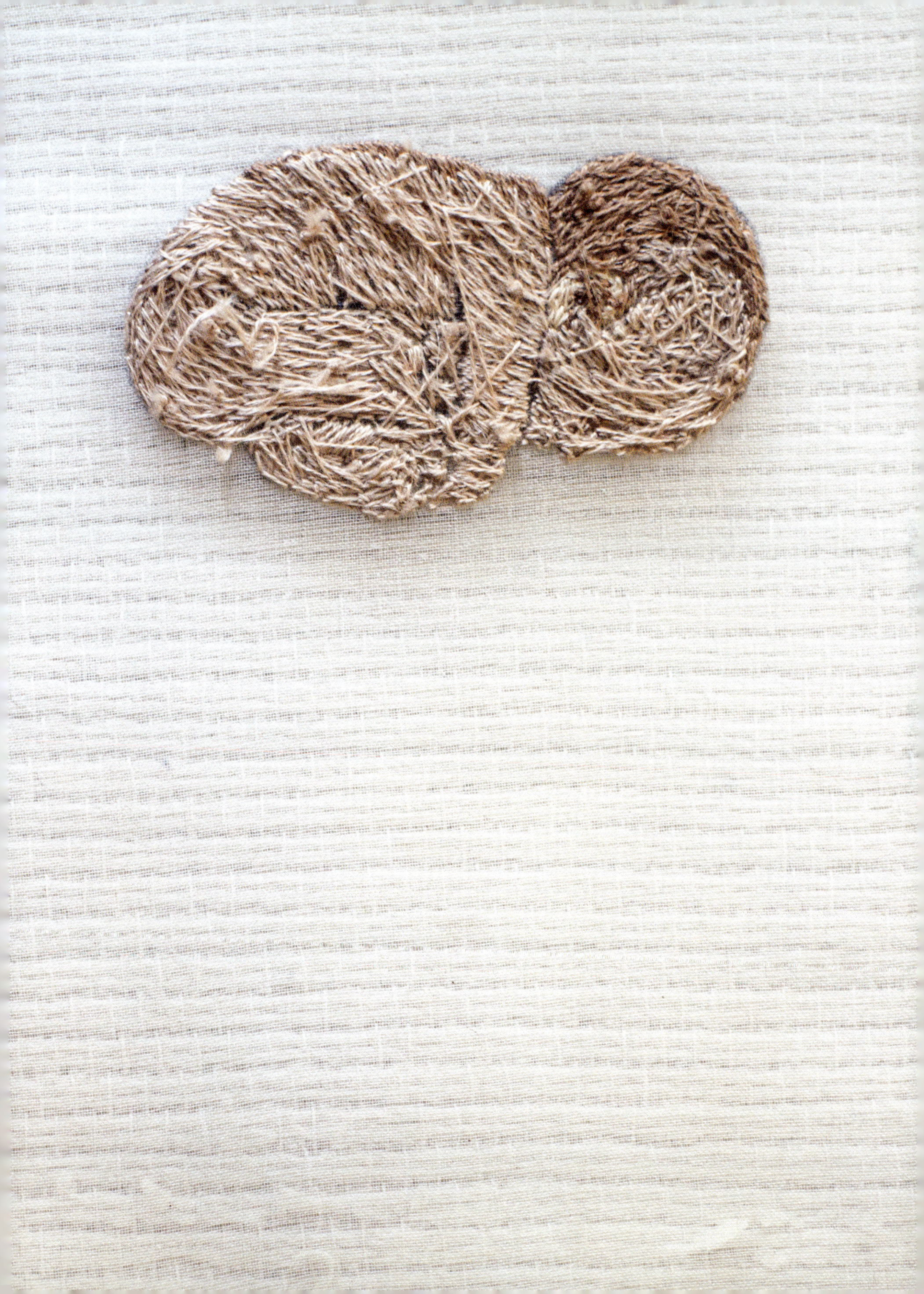

Los elementos en conjunto

No me cabe duda de que a través del bordado adquirí y desarrollé la capacidad de percibir todo esto, de reconocerme en el mundo que me rodea y de reconocerle en mí. De entender que el universo habita en mí, de saberme capullo de vida por el mero hecho de estar viva. De desarrollar la capacidad de percibir vida.

Cuando bordo, el tiempo pasa de otro modo, más lento, y puedo ver mejor el mundo; no me ha dado tregua, y espero que nunca me la dé. Me permite prestar atención al presente, a la experiencia, al instante, al ahora. Es un modo en el que no se pueden decir mentiras, ni siquiera a mí misma. Habrá que montarse sobre el tiempo… Pero mientras tenga manos, para mí, la costura es pedir, por favor, a la vida.

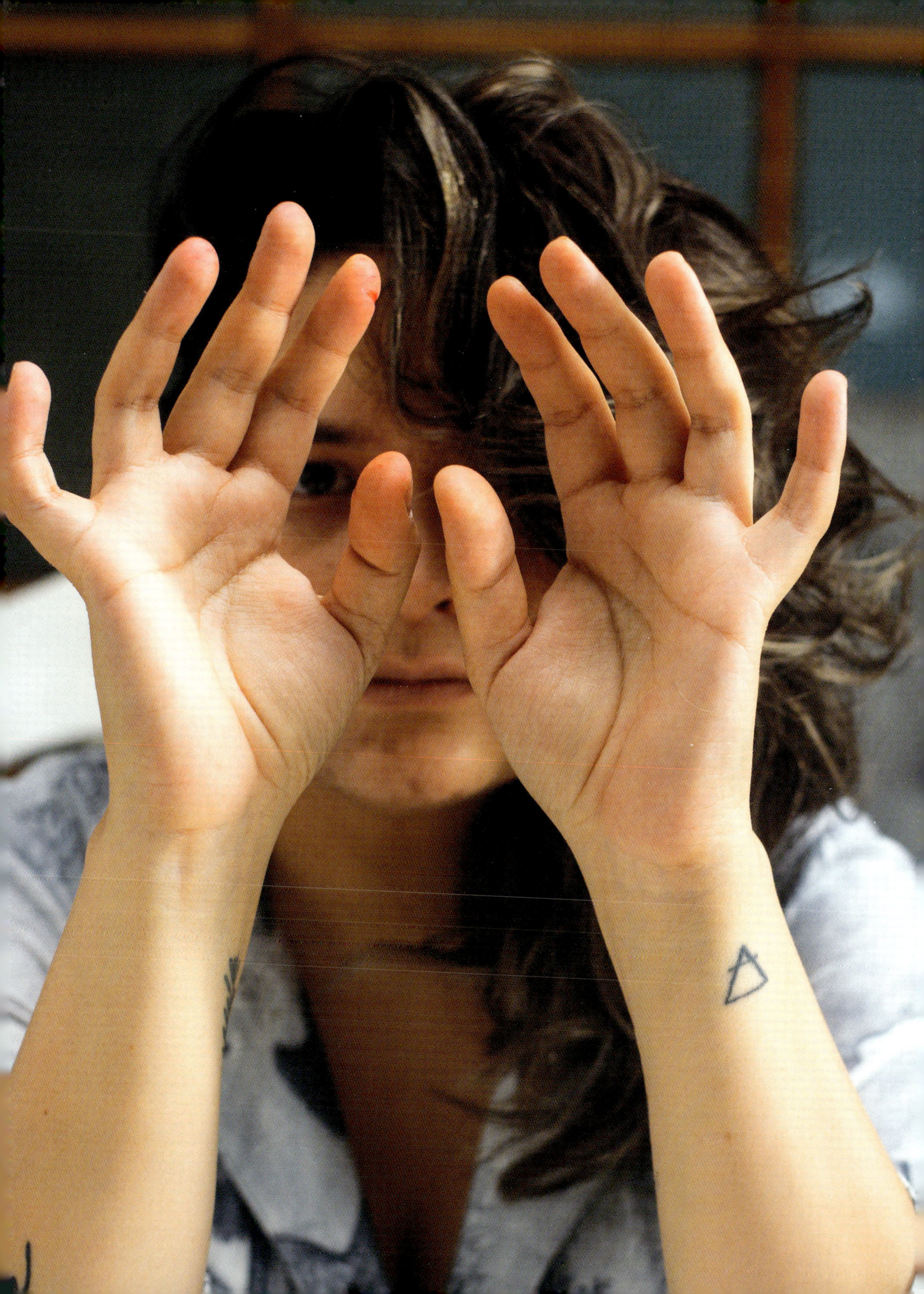

Un deseo de algas

En esta hoja duermen los ojos de una semilla.
El significado de la palabra *espera* cobra una
nueva dimensión cuando estás embarazada.
Esperar que pasen las semanas,
esperar que germine,
esperar que crezca,
esperar e ir al médico para verlo,
esperar un latido,
esperar que todo esté bien,
esperar que no pase nada,
esperar que siga vivo,
esperar que no se vaya,
esperar que esté bien,
esperar los análisis,
esperar el conteo,
hasta que acaba esa espera.

Tan rápido e inesperado como comenzaste a esperar,
de repente ya no esperas nada. Y ya no importa si pasa
el tiempo, si pasa nada, y quisieras disolverte en toda esa
agua para irte con tu cuerpo y dejar de esperar, también,
a que deje de doler. Quisiera comerme el tiempo, pero aquí
no importa lo que yo quiera, porque mi bebé ha muerto.

Era un bebé de algas de agua dulce. Lo sé porque
lo conocí en sueños. Como un hilo verde flotan-
do que se me pega a la memoria y al cuerpo. Nos
hundiremos en el lago con una vela encendida.

Resurge como musgo y como hierba.

Y oigo más allá de la sangre, en el jardín, las viscosidad
del trueno entre las lilas. Me tapo los ojos y vuelvo a la
cama. Quiero escucharte dentro de mí, y ahora lo haré para
siempre como semilla que crece en la memoria de la lluvia.

Creciste, bebé, tan alto que llegaste al cielo. En las nubes
de mi vientre lloverá de nuevo, mi respiración regresará
al mar y en la humedad volverá a brotar el musgo.

Que mi grito sea siempre tu nombre, que cada
palabra que diga sea tu voz, para que donde sea
que estés sepas que tu madre te canta canciones.
Fluye de noche, mi amor, que yo seré la tormenta y
tú serás el deseo de todas las estrellas, de todos los
pozos, de todos los lirios y de todas las esperas.

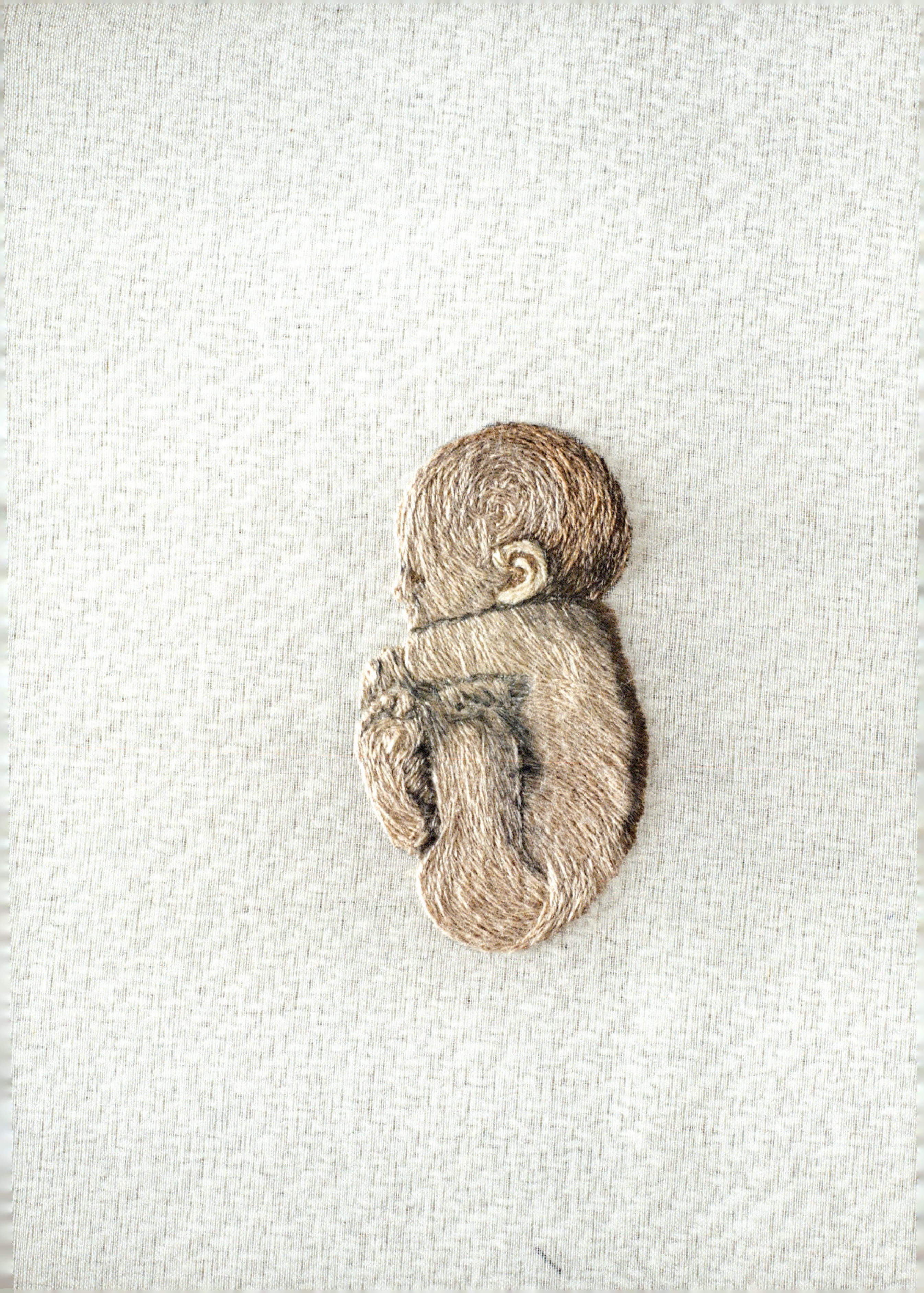

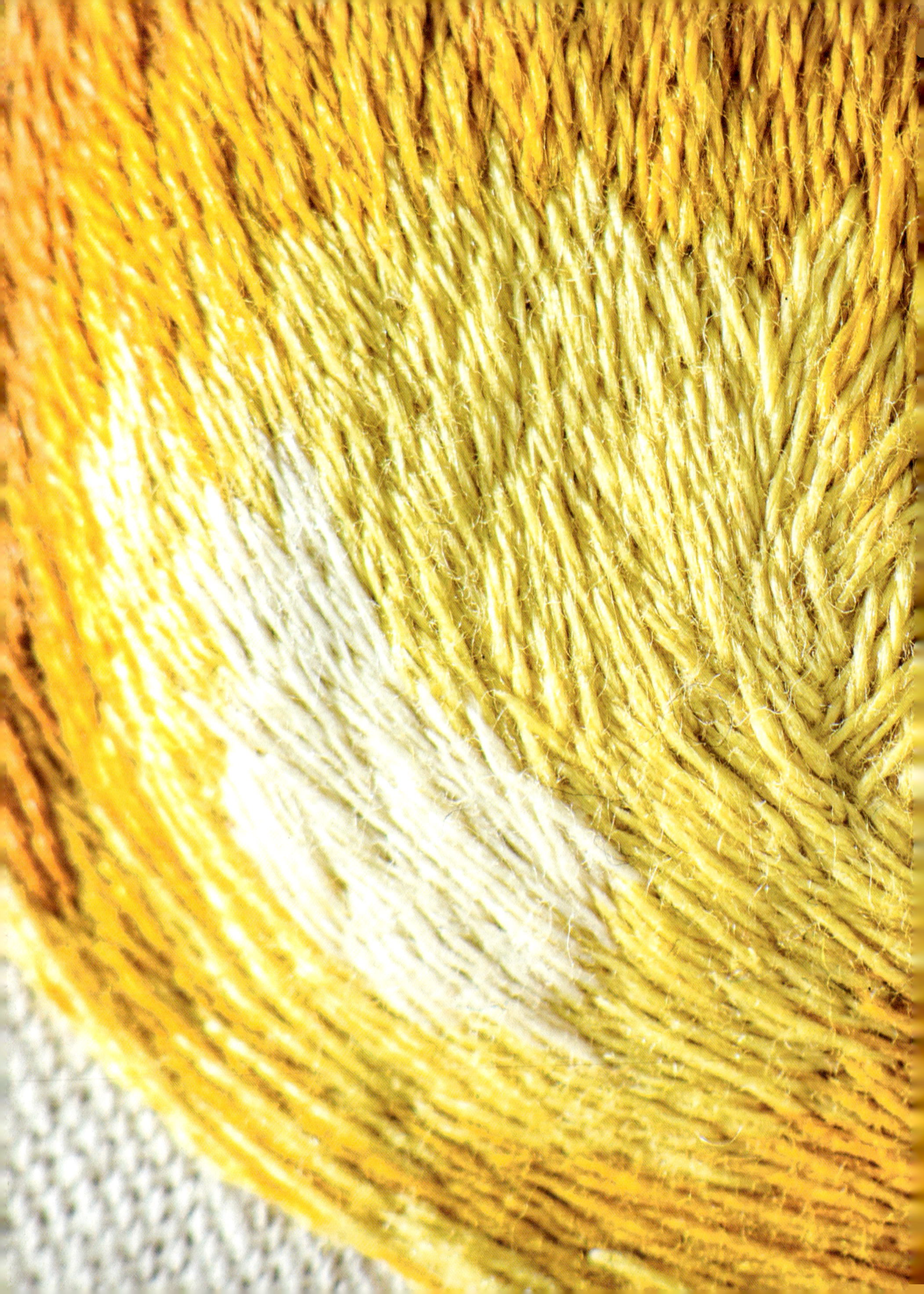

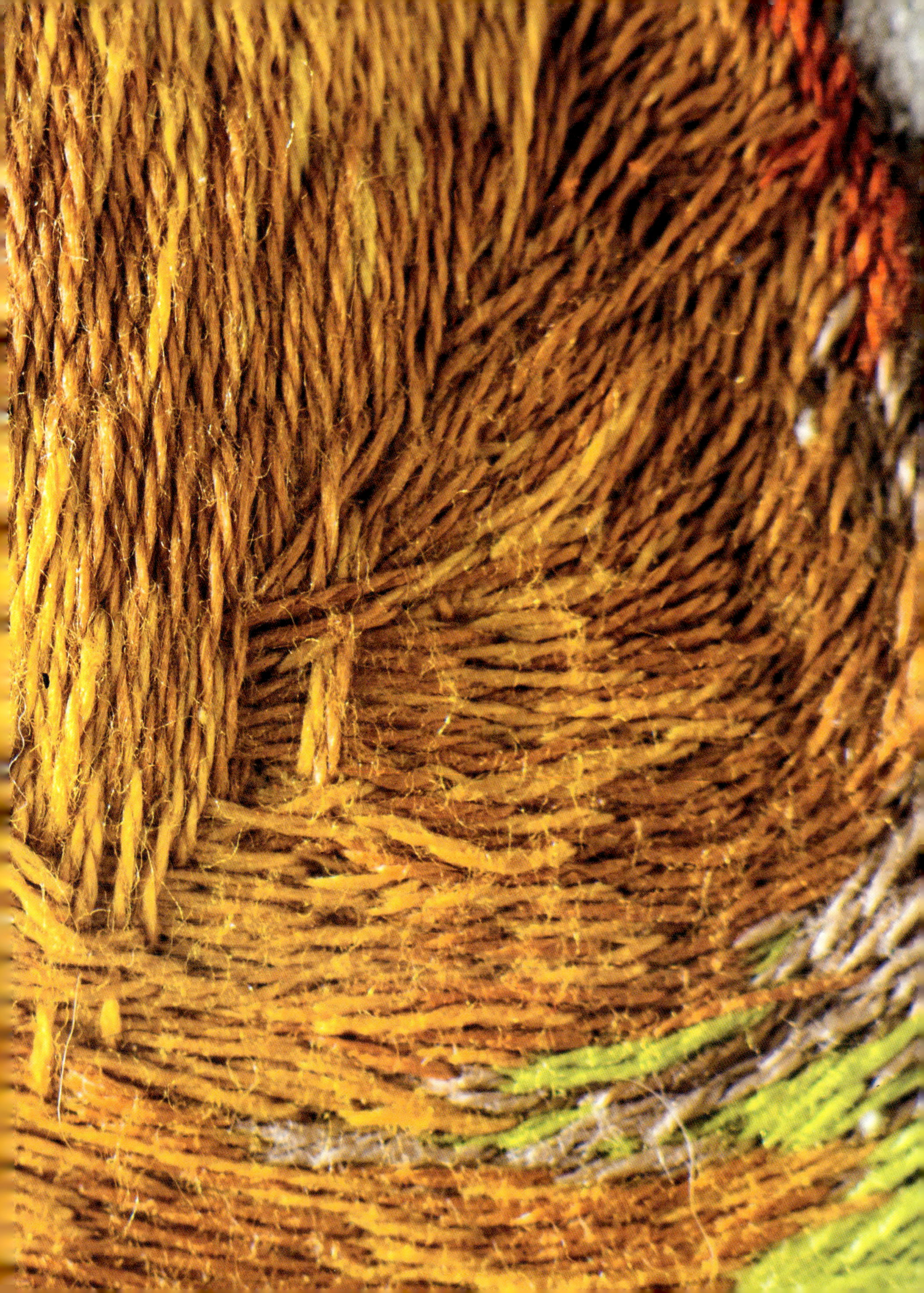

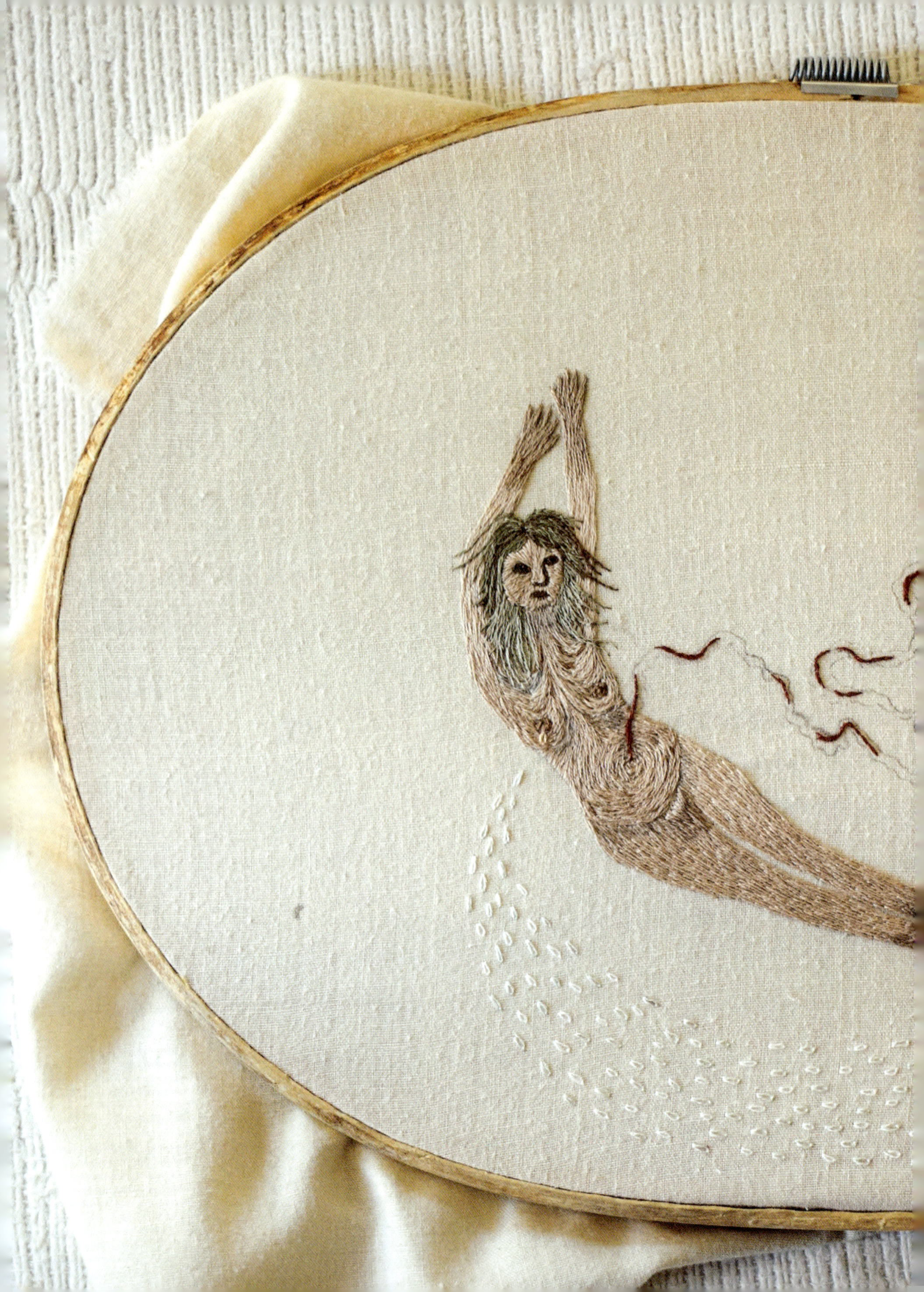

Sobre la autora

Artista y escritora. Nace en Ciudad de México el 15 de septiembre de 1985, donde vive en la actualidad. Licenciada en Artes plásticas y visuales por la Escuela Nacional de Pintura, Escultura y Grabado La Esmeralda en México 2012. Parte de la licenciatura la realizó en la École Nationale Supérieure des Beaux-Arts de Lyon. Al acabar, en 2008, comienza a bordar como principal medio de producción artística. En 2019 publica Bordado vivo, la *gráfica textil como identidad corporal*, tesis que le vale el título de Maestra en investigación y producción artística en la UNAM.

Ha ganado numerosos premios y menciones a nivel internacional. En 2013 ganó el primer puesto en ilustración por la serie *Petirroja* en el COW International Design Festival de Dnipropetrovsk, Ucrania. Ese mismo año comenzó su aprendizaje formal en bordado de alta costura en la École Lesage de París. En 2014 se internó como cofrade aprendiz en bordado con hilos de oro en Sevilla y llega al nivel más alto en la técnica. Su bordado fue seleccionado como uno de los mejores proyectos de bordado a nivel mundial por la Maison Bijoux. En 2015 fue premiada con la beca de Creación Joven por INJUVE-España para realizar la serie *Canciones*.

Ese mismo año Thule Ediciones publicó su primera obra de narrativa, *Camino a Tenango*, en España. Su segunda publicación, *Hebra de agua*, fue seleccionada como libro del año en 2016 en el festival «Teixim la ciutat» celebrado en Sant Cugat del Vallès, España. En 2017 fue seleccionada con mención en la Bienal de Ilustración Solidaria Ajudaris en Amarante, Portugal. Ese mismo año se retiró a South Hampton, Inglaterra, donde entró en la Royal School of Needlework para investigar la técnica del *blackwork* y del encaje con aguja. Al mismo tiempo, trabajó en la historia del bordado y el encaje con cabello en el Victoria & Albert Museum.

Sus piezas se encuentran en colecciones particulares y estatales como la del Banco de México. Su trabajo ha sido acogido en diversas exposiciones en todo el mundo, como México, Brasil, Argentina, Francia, Portugal, Ucrania, Bratislava y España. Cuenta con diferentes publicaciones en narrativa, poesía e investigación textil con Thule Ediciones, la Fundación Armella Spitalier y la Editorial GG. Actualmente vive en México, donde está cursando una segunda licenciatura en Simbología. Su obra reflexiona sobre la poesía de temas como memoria, femineidad, entorno orgánico, cuerpo y magia a partir de una amplia variedad de materiales y técnicas que van evolucionando con el tiempo: fibras corporales, pintura, grabado, bordado o dibujo.

Tiene dos perros y una hija, y ama las galletas.

gimenaromero.com

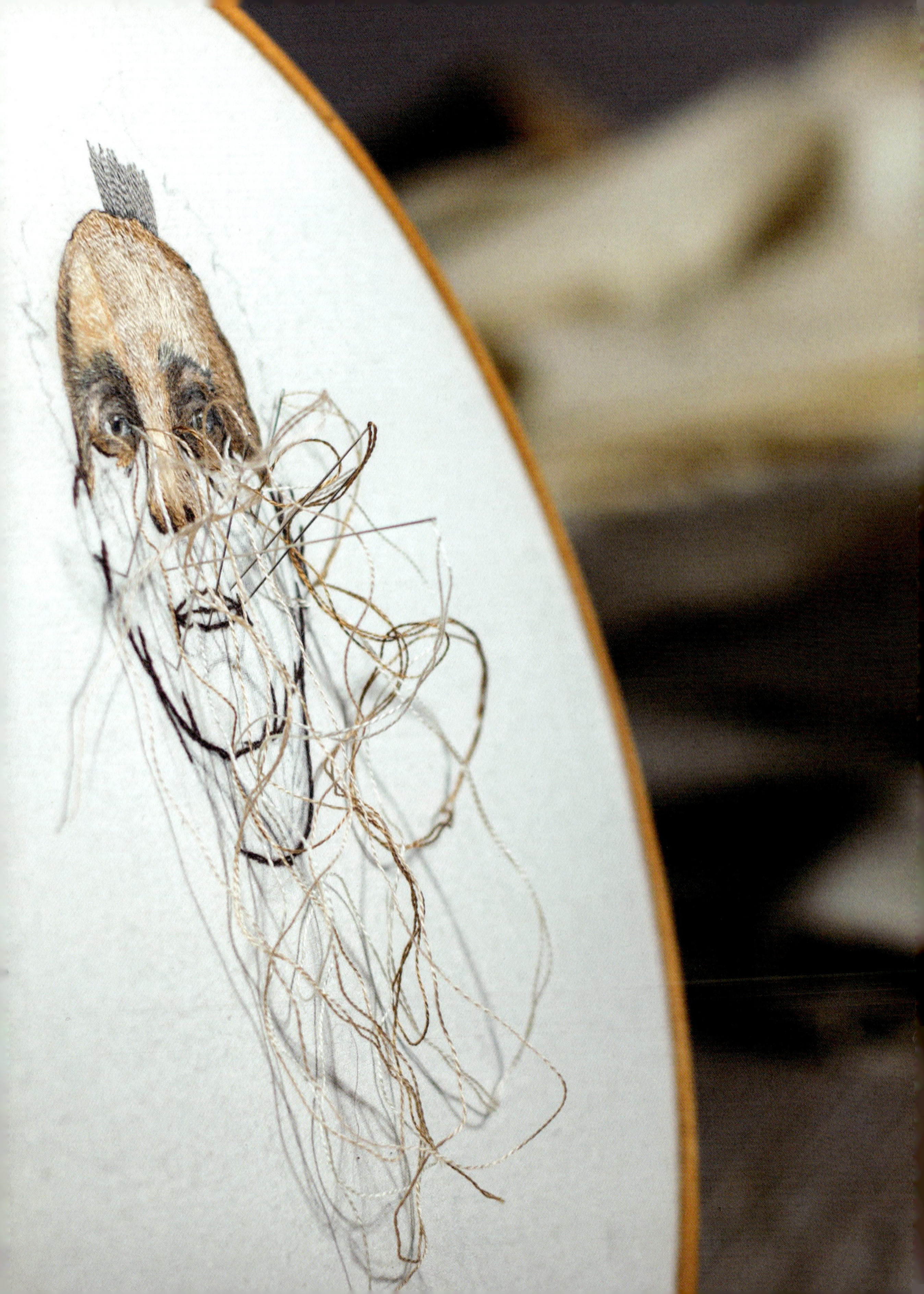

Gracias

Quiero dar las gracias con toda la tierra y el agua que habitan en mí a Pedro Aragón, compañero de vida, de aventuras, de desafíos y de tristezas que muchas culminan en el remiendo pausado de este libro. Nadie tiene más mis ojos como él, con la mirada puesta en mis manos, en mi trabajo. Él es el espectador silencioso de este proceso de vida, y solo en este lugar puede darle una voz, una mirada, a lo que intento transmitir y encarno en cada puntada. No es sorpresa que sea también el padre de mi hija, pues siempre he sabido que, entre los dos, sacamos lo mejor del otro. Gracias por ser compañero y cómplice. Gracias Pedro, por ser amor.

Bordadoras que han participado en este libro:
Ximena López
Gabriela Luque
Gimena Romero

Guías para los proyectos

Caribú

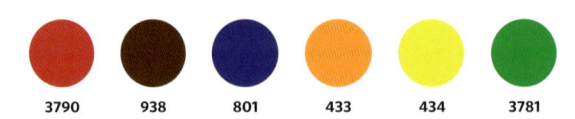

3790	938	801	433	434	3781

Separación de color

Acentos

Sentido de la puntada

Liebre

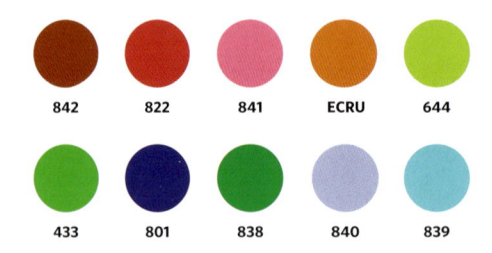

842	822	841	ECRU	644
433	801	838	840	839

Separación de color

Acentos

Sentido de la puntada

Coyote

640	976	435	3371	975
3827	977	3826	434	647
3024	646	822	975	3865

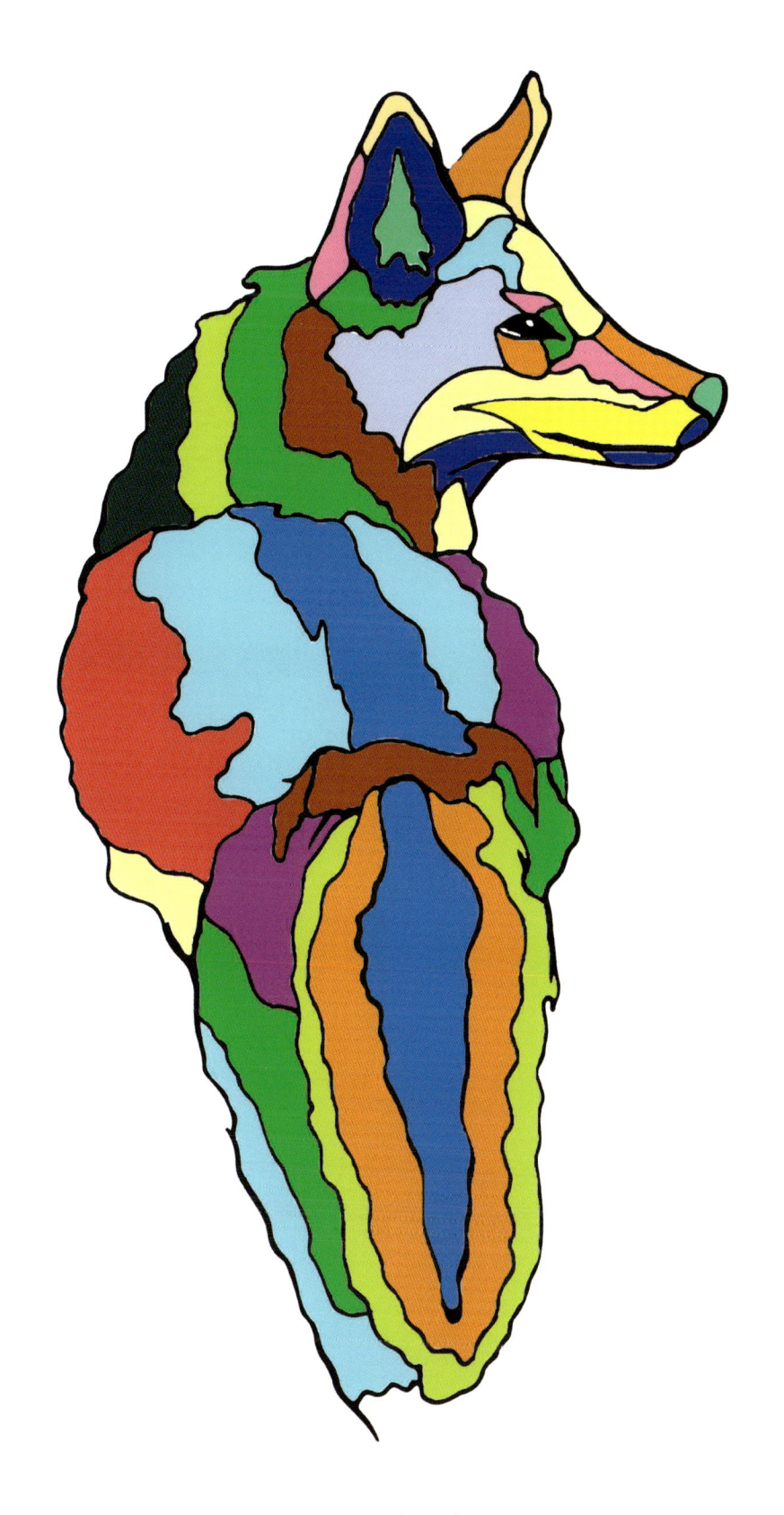

Separación de color

Acentos

Sentido de la puntada

Cuervo

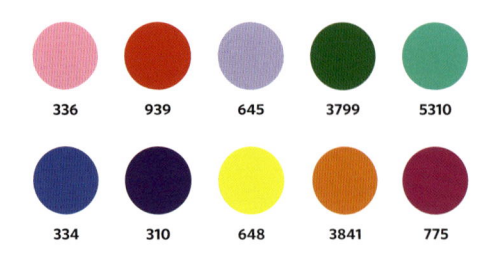

336	939	645	3799	5310
334	310	648	3841	775

Separación de color

Acentos

Sentido de la puntada

Bebé

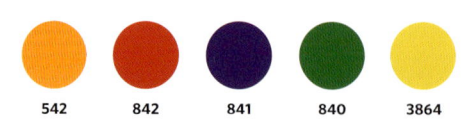

542   842   841   840   3864

Separación de color

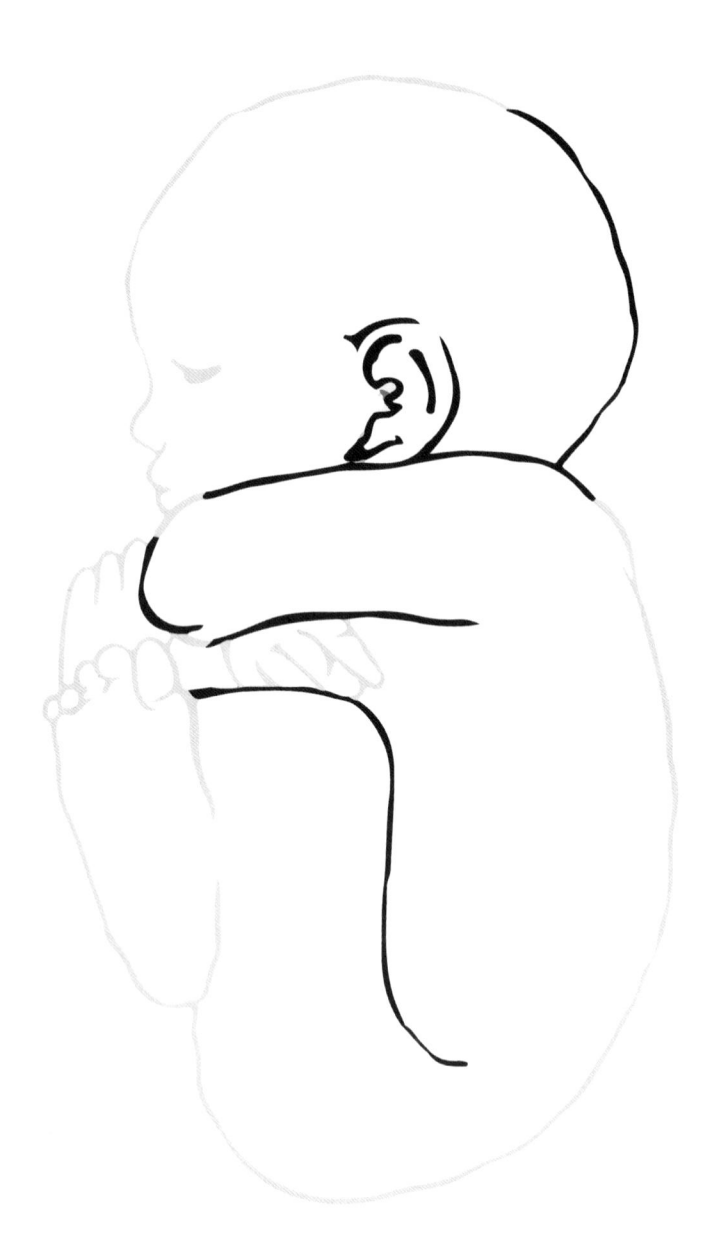

Acentos

Sentido de la puntada

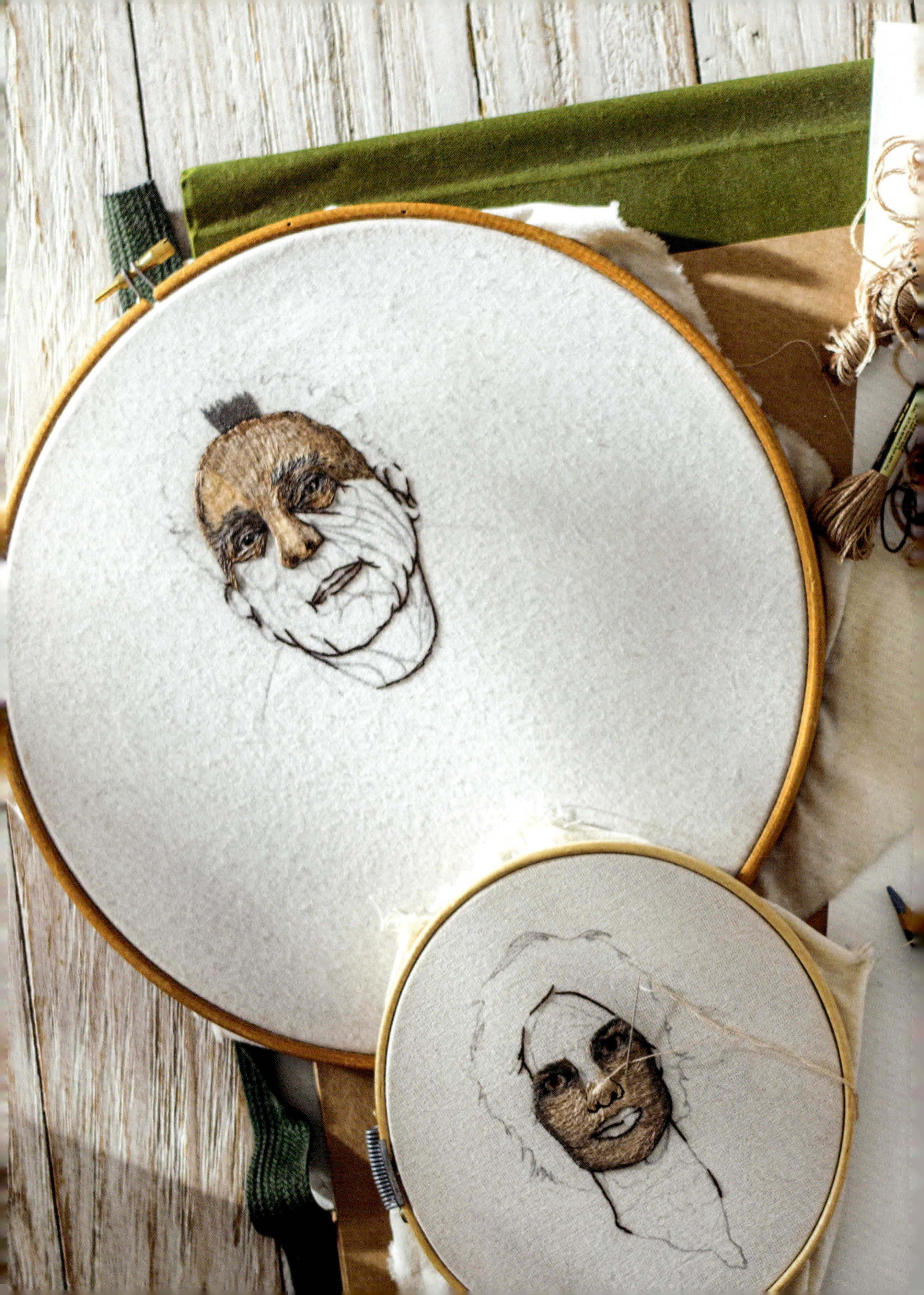

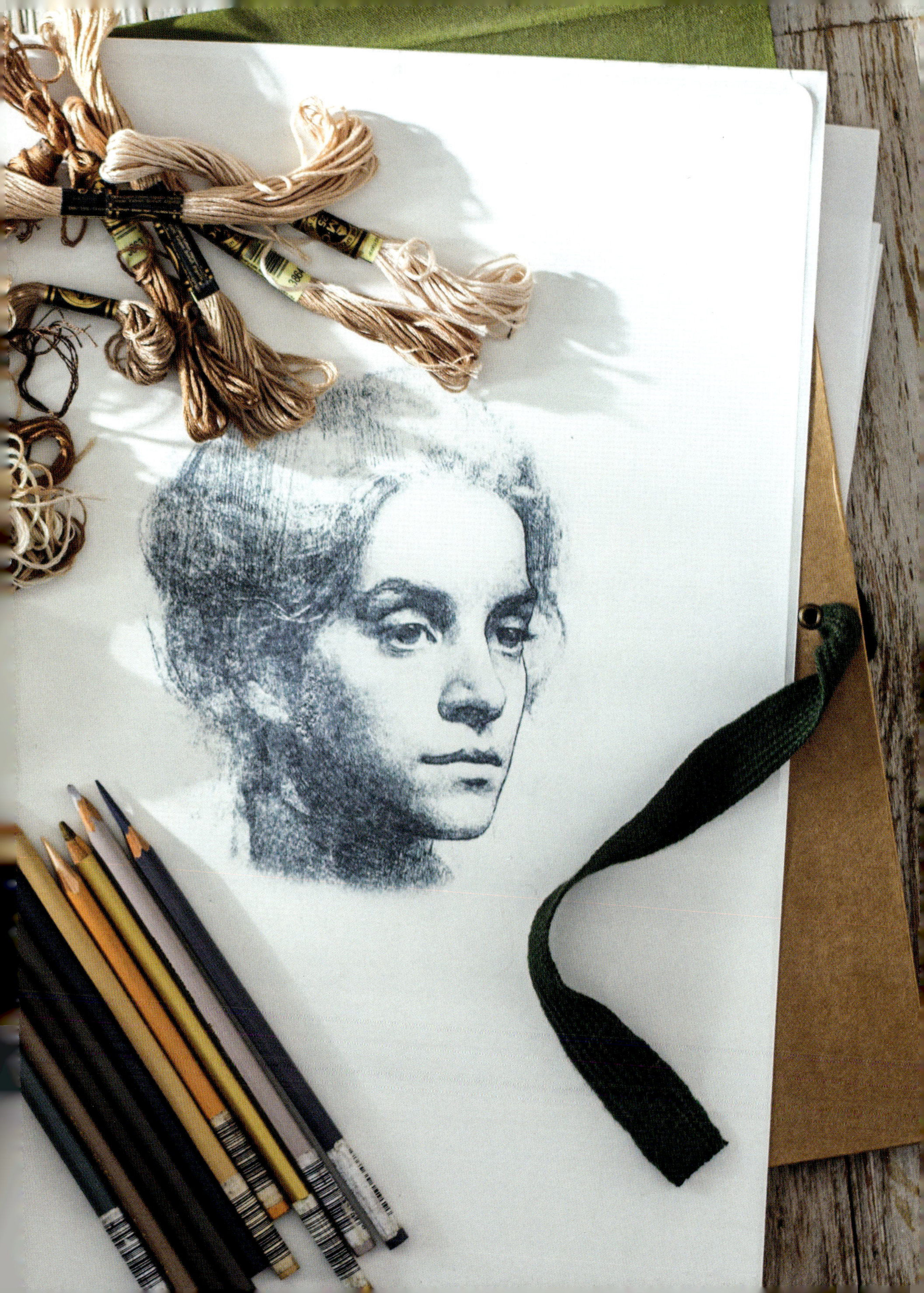